Manual de comunicación asertiva en las relaciones personales

Palabras poderosas para relaciones positivas

Alejandro Ferrari

www.afcformazione.it

a.ferrari@afcformazione.it

ÍNDICE

Prefacio 3

Introducción...5

Capítulo 1: ¿Qué es la asertividad? 8

Capítulo 2: Aspectos básicos de la comunicación asertiva...30

Capítulo 3: La asertividad en.....................................53

Relaciones de pareja 53

Capítulo 4: Asertividad en las relaciones familiares 73

Capítulo 5: La asertividad en las relaciones de amistad........92

Capítulo 6: Asertividad en las relaciones sociales 111

Capítulo 7: Crecimiento continuo de la asertividad 130

Conclusión..149

Serie de libros sobre comunicación asertiva....................152

Agradecimientos...155

Notas sobre el autor 157

PREFACIO

En un mundo en el que la comunicación es omnipresente pero a menudo superficial, hemos perdido la capacidad de conectar de verdad con los demás. Este manual, "Comunicación asertiva en las relaciones personales: palabras poderosas para relaciones positivas", nace del deseo de devolver el valor a las palabras y su impacto en las relaciones que más nos importan: las que mantenemos con amigos, pareja y familia.

La comunicación asertiva no es simplemente una forma de expresarnos; es un puente que construimos y reforzamos día a día, un arte que nos permite expresar nuestras necesidades y deseos sin pisotear los de los demás. Es el equilibrio entre escuchar y ser escuchado, entre comprender y ser comprendido.

Este libro es fruto de años de estudio, observación y práctica sobre el terreno. A través de ejemplos concretos, anécdotas personales y tests de autoevaluación, le guiaré paso a paso en el descubrimiento y la aplicación de técnicas de comunicación asertiva para mejorar sus relaciones personales. Cada capítulo del libro está diseñado para proporcionarle no sólo teorías, sino también herramientas prácticas que podrá poner en práctica inmediatamente en su vida diaria.

El viaje que vamos a emprender juntos no siempre es fácil. Requiere amplitud de miras, voluntad de cuestionarse a uno mismo y, sobre todo, valentía: la valentía de cambiar los hábitos de comunicación, la valentía de mirar a los demás y a uno mismo desde una nueva perspectiva, la valentía de querer mejorar siempre, en todos los aspectos de la vida.

Te invito a leer este manual como si fuera una conversación entre nosotros: abierta, sincera y constructiva. Utiliza cada capítulo como un espejo en el que mirarte para reflexionar, evaluar y, en definitiva, crecer. Espero acompañarte en esta aventura de transformación personal, segura de que, al final de este viaje, tus relaciones serán más ricas, satisfactorias y duraderas.

Gracias por elegir embarcarte en este viaje conmigo. Es hora de descubrir lo poderosas que pueden ser tus palabras.

Con estima y confianza en tu camino,

Alejandro Ferrari

INTRODUCCIÓN

En una era caracterizada por interacciones aceleradas y a menudo impersonales, la capacidad de comunicarse asertivamente emerge como una habilidad fundamental, especialmente en nuestras relaciones más personales y significativas. A menudo, en nuestra vida cotidiana, nos encontramos navegando en un mar de malentendidos, silencios no deseados o palabras pronunciadas demasiado rápido que, en lugar de acercarnos, nos alejan de las personas que queremos. De esta reflexión nació mi compromiso de compilar este manual: una guía para cualquiera que desee redescubrir el poder de las palabras elegidas con cuidado y pronunciadas con conciencia.

¿Por qué una comunicación asertiva?

La comunicación asertiva es algo más que un estilo de interacción: es una filosofía de vida. Ser asertivo significa respetarte a ti mismo y a los demás expresando tus pensamientos, sentimientos y necesidades de forma clara, directa y adecuada. No se trata de ser agresivo, ni de someterse pasivamente a los demás, sino de encontrar un equilibrio que permita un verdadero intercambio y construir relaciones auténticas y mutuamente gratificantes.

Un viaje a través del diálogo

Este libro está diseñado como un viaje, un descubrimiento progresivo de las distintas dimensiones de la asertividad aplicadas a las relaciones personales. Empezaremos por lo básico, definiendo qué significa ser asertivo y por qué es tan importante. A continuación exploraremos técnicas para mejorar nuestra comunicación diaria con la pareja, la familia y los amigos, abordando temas como la escucha activa, la gestión de conflictos y la expresión de las propias necesidades sin miedo.

Cada capítulo del libro concluye con ejercicios prácticos y pruebas de autoevaluación que le ayudarán a reflexionar sobre sus hábitos de comunicación y cómo puede mejorarlos. Estas herramientas son esenciales para llevar la teoría a la práctica, permitiéndole experimentar directamente los efectos positivos de una comunicación más asertiva.

Un profundo impacto en las relaciones

Adoptar un estilo de comunicación asertivo puede transformar radicalmente sus relaciones. Una comunicación eficaz y respetuosa conduce a un mayor entendimiento mutuo, reduce los conflictos y refuerza el vínculo emocional entre las personas. Con el tiempo y la práctica, la asertividad se convertirá en algo natural que influirá positivamente en todos los aspectos de tu vida social.

Hacia un futuro de mejores relaciones

El objetivo de este libro es doble: proporcionarte las habilidades necesarias para comunicarte con mayor eficacia y, al mismo tiempo, inspirarte para que te conviertas en un agente de cambio en tus relaciones. No sólo aprenderá a ser asertivo, sino que también descubrirá el placer de entablar diálogos constructivos que enriquecen y profundizan los vínculos humanos.

Espero sinceramente que las páginas que siguen no sean sólo una lectura, sino un viaje de crecimiento personal y relacional. Espero poder guiarte a través de esta exploración de la dinámica de la comunicación asertiva, con la certeza de que cada paso que des será un ladrillo más en la construcción de un futuro de relaciones más satisfactorias y significativas.

CAPÍTULO 1: ¿QUÉ ES LA ASERTIVIDAD?

Definición de asertividad

En el centro de la comunicación eficaz y el respeto interpersonal se encuentra la asertividad, una cualidad tan discutida como fundamental en la vida cotidiana y profesional. Este capítulo explorará en profundidad lo que significa ser asertivo, desentrañando conceptos erróneos comunes e ilustrando las mejores prácticas para adoptar un comportamiento asertivo.

La asertividad es el arte de expresar los propios pensamientos, sentimientos y necesidades de forma directa, honesta y respetuosa, sin pisotear los derechos de los demás. Representa un equilibrio entre la agresividad, que impone las propias opiniones, y la pasividad, que las somete a las de los demás. A través de esta óptica, el capítulo se dividirá en varias secciones que analizarán cómo la asertividad influye y mejora las interacciones cotidianas, ofreciendo herramientas prácticas y reflexiones para desarrollar una comunicación realmente eficaz.

Empezaremos con una definición clara de lo que implica ser asertivo, explorando sus implicaciones tanto en las relaciones personales como en las profesionales. Este enfoque no sólo allanará el camino para una mejor comprensión de uno mismo y de los demás, sino que también proporcionará una base sólida sobre la que construir relaciones más satisfactorias y duraderas.

Asertividad en las relaciones

La asertividad es una de esas cualidades de las que oímos hablar a menudo, pero su verdadero significado puede eludir a muchos. En las relaciones, la asertividad no es sólo una forma de expresarse, es una forma de ser. Es la capacidad de expresar los propios pensamientos, sentimientos y necesidades de forma clara y directa, sin atacar a los demás ni aceptar pasivamente todo lo que se dice o se hace. Esta capacidad es esencial para construir relaciones basadas en el respeto y la comprensión mutuos.

Por mi experiencia personal y profesional, he observado que cuando las personas actúan con asertividad, sus relaciones se vuelven más auténticas y menos conflictivas. Recuerdo que una vez, durante un taller, una participante me confió que no sabía decir que no a los demás. Después de trabajar la asertividad, descubrió el poder de expresar sus necesidades sin sentirse culpable. Este cambio no sólo mejoró su bienestar emocional, sino que también transformó sus relaciones cercanas.

La importancia del equilibrio en la asertividad

Ser asertivo no significa estar siempre de acuerdo o siempre en desacuerdo; significa ser auténtico. En las relaciones, esto se traduce en encontrar un equilibrio entre dar y recibir. Es esencial para mantener una dinámica sana y evitar que una parte domine a la otra. La asertividad nos ayuda a encontrar este equilibrio, permitiéndonos negociar nuestros deseos y necesidades de forma aceptable para ambas partes.

Este equilibrio es especialmente importante en las relaciones de pareja, donde a menudo es necesario llegar a acuerdos. La asertividad permite a ambos miembros de la pareja sentirse escuchados y valorados, reduciendo el riesgo de frustraciones acumuladas que pueden desembocar en peleas y malentendidos.

Asertividad vs. Agresividad vs. Pasividad

La asertividad se confunde a menudo con la agresividad, pero son dos comportamientos muy diferentes. La agresión es la imposición de los propios deseos a expensas de los demás, mientras que la asertividad respeta los derechos y necesidades de todos. Asimismo, la asertividad se distingue de la pasividad, que es la aceptación de los demás sin tener en cuenta las propias necesidades.

En una discusión, por ejemplo, una persona asertiva expresará su opinión respetando el derecho de los demás a hacer lo mismo. Esto contrasta con el comportamiento agresivo, que busca dominar a los demás, y el pasivo, que se retrae y permite que los demás tomen el control.

Construir y mantener la asertividad en las relaciones

Desarrollar un comportamiento asertivo requiere práctica y autoconciencia. Es importante reflexionar periódicamente sobre las propias interacciones y preguntarse: "¿He sido demasiado agresivo?" o "¿He permitido que los demás ignoren mis necesidades?". Este autoanálisis es crucial para mantener un comportamiento asertivo.

Además, la formación en asertividad puede ser increíblemente útil. A través de juegos de rol, feedback y ejercicios prácticos, uno puede aprender y perfeccionar las habilidades necesarias para ser asertivo. Recuerdo un seminario que impartí en el que, mediante ejercicios específicos, los participantes pudieron experimentar el impacto de sus palabras y gestos, comprendiendo mejor cómo su comportamiento influía en las reacciones de los demás.

La asertividad en las relaciones es un viaje de crecimiento personal que no sólo mejora nuestras interacciones diarias, sino que también enriquece profundamente nuestras vidas. La claridad y la honestidad resultantes son regalos preciosos que podemos ofrecernos a nosotros mismos y a los demás. En la siguiente sección, exploraremos cómo la asertividad se manifiesta específicamente como comportamiento en las relaciones cotidianas

La asertividad como comportamiento

La asertividad, cuando se examina a través del prisma del comportamiento, puede verse como un conjunto de acciones y reacciones que promueven la expresión auténtica de los propios sentimientos, pensamientos y necesidades sin negar ni violar los derechos de los demás. Esta forma de actuar requiere una aguda conciencia de uno mismo y de los demás, así como maestría en el arte de la comunicación.

Por ejemplo, he observado en mis cursos que muchos confunden ser directo con ser contundente. La diferencia radica en la sutileza con la que se formulan las palabras y la intención que hay detrás de ellas. La asertividad conductual incluye el tono de voz, el lenguaje corporal, la elección de palabras y el timing, todo lo cual debe converger armoniosamente para transmitir el mensaje deseado. Es como dirigir una orquesta: cada instrumento tiene su espacio y su tiempo para brillar, contribuyendo al resultado final sin opacar a los demás.

La asertividad como elección consciente

Adoptar un comportamiento asertivo no es un reflejo automático, sino una elección deliberada y consciente. Se trata de decidir mantenerse al timón de las propias interacciones, en lugar de dejarse arrastrar por corrientes emocionales o presiones externas. Esto implica una autoevaluación constante y un compromiso de superación personal. Personalmente, tuve que aprender a frenar y reflexionar antes de reaccionar, sobre todo en situaciones de tensión. Esto me ayudó a convertir posibles conflictos en conversaciones constructivas. Recuerdo una negociación con un proveedor que estaba tomando un cariz negativo. Haciendo una pausa, respirando hondo y eligiendo cuidadosamente mis palabras, pude reconducir la interacción hacia un resultado positivo.

La asertividad como competencia transversal

La asertividad es una habilidad transversal que va más allá del contexto personal, influyendo también en nuestra profesionalidad y nuestro lugar en el mundo social y laboral. El comportamiento asertivo nos permite establecer límites claros, que son esenciales tanto en la vida privada como en la profesional.

Un ejemplo claro procede de mi experiencia como formadora. Durante un taller, fui testigo de un cambio significativo en la dinámica cuando un participante empezó a aplicar los principios de la asertividad al pedir a su jefe un feedback constructivo. Esto no sólo mejoró su rendimiento laboral, sino que también aumentó su bienestar psicológico, demostrando cómo la asertividad puede servir de puente entre el yo personal y el profesional.

Puesta en práctica y retos de la asertividad

Poner en práctica un comportamiento asertivo en la vida diaria puede suponer un reto, sobre todo para quienes están acostumbrados a dinámicas de comunicación pasivas o agresivas. Cambiar estos patrones requiere tiempo, práctica y, a menudo, el apoyo de un entrenador o formador experimentado.

Uno de los principales retos es superar el miedo al conflicto o al rechazo, sentimientos que a menudo nos impiden ser verdaderamente asertivos. En mi propio viaje, he descubierto que enfrentarse a estos miedos no sólo es liberador, sino que abre nuevas puertas a relaciones más profundas y satisfactorias. En mis seminarios, ayudo a los participantes a superar estas barreras mediante ejercicios específicos y juegos de rol, y les proporciono las herramientas que necesitan para vivir una vida más asertiva.

La asertividad, por tanto, no es sólo una forma de comunicarse, sino una elección de estilo de vida que refuerza nuestra autoestima y el respeto a los demás. Adoptarla significa elegir vivir con integridad, honestidad y valentía, elementos que definen no sólo quiénes somos, sino también cómo nos relacionamos con el mundo que nos rodea. En la siguiente sección, exploraremos los beneficios tangibles de la asertividad y cómo puede transformar positivamente todos los aspectos de nuestras relaciones.

Beneficios de la asertividad

En el camino hacia una comunicación óptima y unas relaciones más profundas, la asertividad emerge no sólo como una herramienta de expresión personal, sino también como una fuente de numerosos beneficios personales e interpersonales. Este segmento del libro se centrará en explorar los beneficios tangibles que la asertividad puede aportar a nuestra vida cotidiana.

Adoptar un enfoque asertivo en la comunicación no es simplemente una cuestión de expresar opiniones o deseos; es una forma de mejorar significativamente la calidad de nuestras relaciones, aumentar la autoestima, gestionar los conflictos con mayor eficacia y fomentar un entorno de respeto y comprensión mutuos. A través de varias secciones, exploraremos cómo la asertividad influye positivamente en las interacciones en diferentes esferas de la vida -desde las relaciones personales a las profesionales- y cómo puede ser una clave para el crecimiento personal duradero.

Empezando por un examen de cómo la asertividad puede mejorar las relaciones, el capítulo ofrecerá una visión clara y profunda de sus efectos transformadores, haciendo hincapié en la importancia de un equilibrio entre expresarse y escuchar a los demás. Esta sección será crucial para cualquiera que desee cultivar vínculos más fuertes y satisfactorios, ya que no sólo ofrece teorías, sino también herramientas prácticas y consejos para aplicar la asertividad en la vida cotidiana.

Mejorar las relaciones

La asertividad es una clave fundamental para lograr una comunicación eficaz en las relaciones. Permite a las personas expresar sus pensamientos y sentimientos sin alienar a los demás ni crear tensiones innecesarias. Cuando nos comunicamos con asertividad, transmitimos nuestros mensajes con claridad y respeto, facilitando el entendimiento mutuo y reduciendo el riesgo de malentendidos.

Durante un seminario al que asistí, compartí un ejemplo personal que tuvo un impacto significativo en los participantes. Conté cómo la aplicación de la asertividad había salvado una relación importante con un amigo íntimo mío. Tras un grave malentendido, en lugar de reaccionar con ira o retraerme, opté por expresar mis sentimientos abierta y sinceramente y le invité a hacer lo mismo. Esto no sólo aclaró la situación, sino que reforzó nuestro vínculo.

Asertividad para la resolución de conflictos

La asertividad es especialmente valiosa en la gestión de conflictos. Nos permite abordar las disputas de forma proactiva y constructiva, buscando soluciones que tengan en cuenta las necesidades de todas las partes implicadas. En lugar de evitar el conflicto o reaccionar agresivamente, la asertividad nos anima a tratar las diferencias con madurez y respeto.

En una de mis experiencias laborales, observé cómo dos compañeros utilizaban la asertividad para superar un largo periodo de tensiones laborales. Animándoles a expresar abiertamente sus preocupaciones y a escucharse mutuamente, consiguieron encontrar una solución aceptable para ambas partes, mejorando no solo su eficacia laboral sino también su relación interpersonal.

Asertividad para fortalecer las relaciones

La asertividad no sólo previene o resuelve conflictos, sino que también puede fortalecer las relaciones. Comunicarse asertivamente demuestra a los demás que te respetas lo suficiente como para expresar tus necesidades y deseos, y que tú también respetas los suyos. Este comportamiento genera respeto y confianza mutuos, esenciales para unas relaciones duraderas y significativas.

Por ejemplo, en un taller para parejas, ilustré cómo la asertividad puede aumentar la cercanía emocional entre los miembros de la pareja. Una pareja en particular consiguió transformar su forma de comunicarse, pasando de las peleas frecuentes a discusiones abiertas y constructivas. Aprendieron que respetar su espacio y expresar sus necesidades con claridad, sin acusar ni defenderse, conducía a una mejora significativa de su relación.

Asertividad para la autoestima y el crecimiento personal

Ser asertivo no sólo mejora nuestras relaciones con los demás, sino que también refuerza nuestra autoestima. Cuando practicamos la asertividad, nos confirmamos a nosotros mismos que nuestros pensamientos y sentimientos son válidos y merecen ser expresados. Este reconocimiento interno es vital para nuestro bienestar psicológico y nuestro crecimiento personal.

En mi experiencia personal, descubrí que ser más asertiva tenía un impacto directo en mi autopercepción. A medida que me sentía más cómoda expresando mis necesidades y deseos, tenía más confianza en mi capacidad para negociar e interactuar con los demás. Esto no sólo mejoró la calidad de mis relaciones, sino que también aumentó mi confianza en mi capacidad para afrontar nuevos retos.

La asertividad, por tanto, es algo más que un estilo de comunicación; es un elemento transformador que enriquece todos los aspectos de nuestras interacciones. En la continuación de este libro, seguiremos explorando cómo puede aplicarse la asertividad en diversos contextos de las relaciones personales, garantizando no sólo el bienestar individual, sino también el colectivo.

Crecimiento personal

Adoptar un comportamiento asertivo no es sólo una técnica para mejorar las interacciones externas, sino también una poderosa herramienta de autoconocimiento. Practicar la asertividad nos obliga a reflexionar sobre lo que realmente queremos y creemos, lo que conduce a un mayor conocimiento de nosotros mismos. Este proceso de introspección puede iluminar aspectos de nuestro carácter que pueden haber permanecido ocultos o reprimidos debido a un comportamiento pasivo o agresivo.

Recuerdo claramente una época de mi vida en la que luchaba por establecer mis límites personales, lo que a menudo me llevaba a sentirme abrumada e insatisfecha. Cuando empecé a practicar la asertividad, me di cuenta de lo liberador que era poder expresar abiertamente mis necesidades. Esto no sólo mejoró mis relaciones, sino que también me permitió comprender mejor quién era y qué quería de mi vida.

Desarrollo de la asertividad y la competencia emocional

La asertividad está intrínsecamente ligada al desarrollo de competencias emocionales, como la empatía, la gestión de las emociones y la resiliencia. Ser asertivo implica ser capaz de reconocer y respetar las emociones de los demás, manteniendo al mismo tiempo una expresión clara de las propias. Este equilibrio requiere y fomenta la inteligencia emocional, fundamental para el bienestar psicológico.

Uno de los aspectos más transformadores que he observado en mis seminarios es la capacidad de gestionar las emociones durante las discusiones difíciles. Participantes que inicialmente reaccionaban con acaloramiento han aprendido, gracias a la asertividad, a hacer una pausa, reflexionar sobre sus emociones y responder de forma más calibrada y productiva. Esta habilidad no sólo les ha ayudado a evitar conflictos innecesarios, sino que también ha mejorado su autoestima y su capacidad para afrontar los retos de la vida.

La asertividad como catalizador del cambio personal

La asertividad puede actuar como catalizador del cambio personal, empujando a las personas a superar barreras autoimpuestas y a cuestionar viejos patrones de pensamiento o comportamiento que ya no sirven para su bienestar. Al aumentar la autoafirmación, la asertividad anima a las personas a tomar la iniciativa, a fijar y perseguir objetivos personales y profesionales, y a tomar decisiones vitales más acordes con sus valores y aspiraciones.

Durante una entrevista para un podcast de desarrollo personal, conté cómo la asertividad me ha ayudado a tomar decisiones profesionales más audaces y a invertir en relaciones más sanas y mutuamente satisfactorias. Esto no solo ha transformado mi entorno laboral, sino que también ha repercutido en otros aspectos de mi vida, llevándome a un nivel de satisfacción y realización que antes no creía posible.

La asertividad y la longevidad del bienestar personal

Por último, la asertividad contribuye a la longevidad del bienestar personal. Mantener un estilo de vida asertivo ayuda a reducir el estrés crónico resultante de sentirse incapaz de controlar las propias circunstancias. Además, la capacidad de expresar abiertamente pensamientos y sentimientos puede mejorar la calidad del sueño, reducir la ansiedad y aumentar la sensación general de control sobre la propia vida.

En uno de los capítulos de mi blog, hablé de estudios que muestran cómo la asertividad no sólo reduce el riesgo de depresión, sino que también puede influir positivamente en la salud física. Es emocionante ver cómo algo tan aparentemente sencillo como mejorar la forma en que nos comunicamos puede tener beneficios tan profundos y duraderos tanto en la salud mental como en la física.

La asertividad, por lo tanto, no es simplemente una forma de interactuar con los demás; es una forma de vivir que promueve el crecimiento personal y el bienestar. A medida que avancen los capítulos, seguiremos explorando cómo puede desarrollarse y perfeccionarse esta poderosa habilidad, aportando beneficios en todos los ámbitos de la vida.

Test: Evaluar su asertividad

Aquí tienes el test de autoevaluación de tu asertividad, basado en los contenidos del primer capítulo del libro. Este test te ayudará a comprender mejor tu nivel actual de asertividad en diferentes situaciones cotidianas:

Prueba de evaluación de la asertividad nº 1

Instrucciones: Responde a las siguientes preguntas eligiendo la opción que creas que más se aproxima a tu forma de actuar. Recuerde que nadie verá sus respuestas, por lo que es importante ser sincero para obtener un resultado que refleje fielmente su comportamiento habitual.

1) Tu vecino te pide que le ayudes a hacer unos pequeños trabajos para los que eres competente. ¿Qué haces?

A) Le contesto bruscamente porque no debe molestarme.

B) Acepto inmediatamente, aunque tenga otros compromisos.

C) Termino mis compromisos y me pongo a trabajar.

D) Evalúo si puedo conciliar mi horario con tu petición y acordar una hora en la que sea posible trabajar tranquilamente.

2) Un amigo íntimo tuyo está atravesando una mala racha y suele llamarte a altas horas de la noche. ¿Cómo reaccionas?

A) No le cojo el teléfono y si lo hago le pido que me deje descansar.

B) Siempre contesto, independientemente de la hora, y permanezco al teléfono el tiempo necesario.

C) Le pido amablemente que me llame en otro momento.

D) Le escucho e intento ayudarle, pero también establezco límites claros sobre cuándo y cómo puede ponerse en contacto conmigo.

3) ¿Cómo te sientes cuando te critican?

A) Irritado, como si no me apreciara.

B) Vergonzoso, como si hubiera algo malo en mí.

C) Culpable, pero intento aceptar las críticas y mejorar.

D) Evalúo la crítica, decido qué es constructivo y respondo de manera educada expresando también mi opinión.

4) Un amigo siempre quiere decidir qué hacer cuando salís juntos. ¿Cómo reaccionas?

A) Empiezo a evitarle para hacerle entender que no me gusta ese comportamiento.

B) Acepto sin objeciones, aunque no estoy conforme con la elección.

C) Acepto si me viene bien, de lo contrario digo que no estoy disponible.

D) Discuto abiertamente con él para encontrar un compromiso mutuamente aceptable.

5) Si alguien te contesta de forma agresiva, ¿cuál es tu reacción?

A) Yo también respondo agresivamente.

B) Me dejo intimidar y no reacciono.

C) Ignoro las agresiones el mayor tiempo posible.

D) Le explico amablemente que su comportamiento no es aceptable y trato de entender sus razones manteniendo el respeto mutuo.

Análisis de los resultados

Si obtienes una mayoría de respuestas A:

Su tendencia a reaccionar de forma agresiva o defensiva puede ser un signo de que está sobreprotegiendo sus propias necesidades por encima de las de los demás. Este comportamiento puede provocar conflictos o malentendidos en sus relaciones. Puede resultarle muy útil desarrollar estrategias para manejar las situaciones con mayor calma y consideración. Considera la posibilidad de practicar técnicas de relajación, como la meditación o la respiración profunda, y de explorar formas de expresar tus pensamientos y sentimientos de una manera más constructiva y respetuosa.

Si has obtenido una mayoría de respuestas B:

Su reacción generalmente pasiva indica que puede tener dificultades para dejar claros sus deseos y necesidades, dejando espacio para que otros tomen decisiones por usted. La asertividad puede ser una habilidad valiosa que puede desarrollar y que le permitirá adoptar un papel más activo en sus interacciones. Trabajar la autoafirmación puede ayudarte a ganar confianza para expresar tus opiniones y deseos. Puedes empezar dando pequeños pasos, como expresar una preferencia cuando normalmente dejarías la elección en manos de otros.

Si has obtenido una mayoría de respuestas C:

Estás en el buen camino para convertirte en una persona asertiva. Demostrar que entiendes la importancia del equilibrio en tus relaciones es un excelente punto de partida. Sin embargo, es posible que a veces no sepas cómo equilibrar eficazmente tus necesidades con las de los demás. Puede ser útil practicar para aclarar sus necesidades y expectativas en distintas situaciones y aprender a mantener este equilibrio de forma coherente. Considera la posibilidad de pedir opinión a personas de confianza sobre cómo manejas las situaciones de conflicto o intercambio de opiniones.

Si obtienes una mayoría de respuestas D:

Demostrar excelentes habilidades de asertividad, que son esenciales para mantener relaciones sanas y respetuosas. Siga practicando estas habilidades de comunicación, ya que la asertividad es una competencia que siempre puede mejorarse. La asertividad también puede beneficiarse de una actualización continua a través de la lectura, la formación y la retroalimentación constructiva. Considera la posibilidad de asumir un papel de mentor o guía para otras personas que deseen desarrollar su asertividad, ya que la enseñanza es una forma excelente de profundizar en la propia comprensión y habilidades.

Reflexión periódica:

Le recomiendo que repita este test de autoevaluación periódicamente. Hacerlo puede ayudarte a controlar tus progresos y a reconocer las áreas en las que has mejorado y aquellas que aún pueden necesitar atención. Esta práctica puede ser una poderosa herramienta para tu crecimiento personal y para mejorar tu capacidad de comunicarte asertivamente en los distintos ámbitos de tu vida.

Preguntas de reflexión para el capítulo 1: ¿Qué es la asertividad?

En este capítulo se han explorado los fundamentos de la asertividad, una habilidad crucial que puede transformar radicalmente la forma en que interactúas en tus relaciones personales y profesionales. La asertividad no consiste sólo en expresar tus necesidades o defender tus derechos; también es una forma de escuchar y responder a los demás que fomenta el respeto mutuo y promueve una comunicación eficaz.

Las preguntas de reflexión que figuran al final de este capítulo están pensadas para ayudarle a integrar las lecciones aprendidas en su vida cotidiana. Reflexionar activamente sobre estas preguntas puede mejorar tu comprensión de la dinámica de la comunicación y aumentar tu conciencia de cómo tus palabras y acciones influyen en los demás.

Cómo utilizar las preguntas de reflexión

Momento de reflexión individual:

Dedica un tiempo regular, quizá una vez a la semana, a responder a estas preguntas. Busca un momento y un espacio tranquilos en los que puedas reflexionar sin interrupciones. Utilizar un diario para anotar tus respuestas puede ayudarte a controlar tus progresos y a revisar tus pensamientos más tarde.

Debate en grupo:

Si formas parte de un grupo de estudio o de un equipo de trabajo interesado en mejorar la comunicación, estas preguntas pueden servir como excelentes puntos de partida para los debates. Compartir tus reflexiones con los demás puede ofrecer nuevas perspectivas y fomentar el aprendizaje colaborativo.

Reflexión continua:

Revisa tus respuestas a lo largo del tiempo. A medida que creces y desarrollas tus habilidades de comunicación asertiva, tus respuestas a las preguntas pueden cambiar. Este proceso de revisión continua puede proporcionarte información valiosa sobre tu desarrollo y evolución personales.

Aplicación práctica:

Tras reflexionar sobre cada pregunta, piensa en formas concretas de aplicar lo aprendido en tus interacciones diarias. Quizá haya una situación próxima en la que pueda poner en práctica una nueva estrategia de comunicación. Considere estas oportunidades como experimentos en los que cada intento, tenga éxito o no, ofrece un valor de aprendizaje.

Evaluación y ajuste:

Utiliza tus respuestas para identificar áreas de fortaleza y mejora. Si descubre que determinadas situaciones siguen siendo un reto, puede resultarle útil repasar los conceptos del capítulo o buscar recursos adicionales para profundizar en ellos.

Mediante el uso activo y consciente de estas preguntas de reflexión, no sólo puede mejorar sus habilidades de comunicación, sino también enriquecer sus relaciones y su bienestar personal. Las preguntas son herramientas poderosas para el crecimiento y el cambio; utilízalas para guiar tu camino hacia una comunicación más asertiva y satisfactoria.

Definición de asertividad en tus relaciones:

Reflexiona sobre una interacción personal o profesional reciente. ¿Practicaste la asertividad en la forma de manejar la situación?

¿Qué elementos de asertividad has utilizado y cuáles podrías mejorar?

La asertividad como comportamiento cotidiano:

Piense en un día normal de su vida. ¿En qué momentos le resulta más fácil ser asertivo? ¿En qué situaciones le resulta más difícil?

¿Cómo podrías aplicar las técnicas de asertividad aprendidas para mejorar tu comunicación en momentos difíciles?

Beneficios de la asertividad en las relaciones personales y profesionales:

Pensando en los últimos conflictos o discusiones que has tenido, ¿cómo podría haber mejorado el resultado de esas interacciones adoptar un enfoque más asertivo?

Crecimiento personal a través de la asertividad:

¿Qué cambios has notado en ti desde que practicas técnicas de comunicación más asertivas?

Resultados del cuestionario de autoevaluación de la asertividad:

¿Cuáles fueron tus principales puntos fuertes y débiles revelados por la prueba de asertividad del capítulo?

¿Cómo piensa abordar estas áreas de mejora?

Aplicación de prácticas asertivas:

¿Cuál es una situación concreta en la que esperas poner en práctica la asertividad en los próximos días?

¿Qué estrategias concretas utilizarás para que tu comunicación sea eficaz y respetuosa?

Evaluación de los progresos a lo largo del tiempo:

¿Cómo medirás tus progresos para ser más asertivo?

¿Piensa revisar periódicamente su rendimiento para ver cómo mejora?

Estas preguntas están diseñadas para estimular una profunda reflexión personal y fomentar la aplicación práctica de las habilidades de comunicación asertiva aprendidas en el capítulo. Utilizarlas como guía tras la lectura puede ayudarte a consolidar tus conocimientos y a hacer de la asertividad un componente natural y constante en tus interacciones diarias.

CAPÍTULO 2: ASPECTOS BÁSICOS DE LA COMUNICACIÓN ASERTIVA

Elementos de comunicación

Comprender y dominar los fundamentos de la comunicación asertiva es esencial para cualquiera que desee mejorar sus interacciones personales y profesionales. Este capítulo está dedicado a explorar los elementos clave que forman la columna vertebral de la comunicación asertiva, proporcionando una guía detallada para desarrollar una comunicación eficaz y respetuosa.

La comunicación asertiva se basa en tres pilares fundamentales: la comunicación verbal, la comunicación no verbal y la comunicación paraverbal. Cada aspecto desempeña un papel crucial en la forma en que transmitimos y recibimos los mensajes. Un conocimiento profundo de estos elementos nos permite perfeccionar nuestras habilidades comunicativas, garantizando que nuestras palabras, tonos y gestos estén siempre en consonancia con las intenciones que deseamos expresar.

En este capítulo, exploraremos cada uno de estos elementos, analizando cómo pueden mejorarse e integrarse para formar un enfoque de comunicación que no sólo transmita con claridad nuestros pensamientos y sentimientos, sino que también facilite una escucha eficaz y una respuesta adecuada. Con un examen detallado y ejemplos prácticos, estas secciones le ayudarán a adquirir las habilidades necesarias para transformar su capacidad de interactuar asertivamente en cualquier contexto.

Comunicación verbal

La comunicación verbal es el elemento fundamental de la asertividad. Las palabras que elegimos y la forma en que las estructuramos pueden marcar la diferencia entre un mensaje que se entiende claramente y otro que provoca confusión o malentendidos. Es esencial ser claro y preciso a la hora de formular nuestros pensamientos. Esto no sólo significa elegir las palabras adecuadas, sino también ser conscientes de su impacto en los demás.

Personalmente, siempre me ha parecido que practicar la oratoria frente a un espejo o grabar las presentaciones y luego escucharlas puede ofrecer una perspectiva esclarecedora de cómo nos perciben los demás. Esto me ha ayudado a refinar no sólo mi vocabulario, sino también el ritmo y la entonación de mi discurso, haciéndolos más eficaces a la hora de transmitir mis mensajes.

El arte de formular preguntas

Hacer preguntas es un componente crucial de la comunicación verbal asertiva. Las preguntas no sólo demuestran interés por nuestro interlocutor, sino que también nos permiten orientar la conversación y aclarar puntos que quizá no se hayan entendido. Las preguntas abiertas, en particular, pueden fomentar un debate más profundo y significativo, permitiendo a los demás expresarse libremente.

Recuerdo una negociación con un cliente en la que utilicé preguntas abiertas para comprender mejor sus necesidades. Este enfoque me permitió adaptar mi propuesta de forma más eficaz, demostrando no solo una buena capacidad de escucha, sino también un interés genuino por encontrar una solución beneficiosa para ambas partes.

Escuchar para comprender, no sólo para responder

Un aspecto de la comunicación verbal que a menudo se pasa por alto es la capacidad de escuchar activamente. Escuchar no sólo significa oír las palabras de los demás, sino intentar comprender el mensaje completo que intentan transmitir. Esto implica atención, apertura y, a veces, la capacidad de leer entre líneas.

Una de las lecciones más importantes que he aprendido en mis años como formadora es que escuchar de verdad puede revelar mucho más de lo que las palabras pueden expresar. Aprender a escuchar activamente ha transformado mi forma de interactuar, permitiéndome responder de forma más adecuada y precisa, haciendo que los demás se sientan valorados y comprendidos.

Comentarios constructivos y asertividad

Por último, la retroalimentación constructiva es una piedra angular de la comunicación asertiva. Dar y recibir feedback de forma eficaz puede mejorar no sólo las relaciones interpersonales, sino también la calidad del trabajo o de las interacciones cotidianas. Un feedback bien formulado, expresado de forma clara y directa, puede ayudar a crecer personal y profesionalmente.

He aprendido, a menudo a mi costa, que la forma en que uno da su opinión puede influir mucho en la reacción de la persona que la recibe. Por eso he desarrollado un método basado en la empatía y la claridad, que me permite expresar mis opiniones sin causar defensividad ni resentimiento. Este enfoque no sólo ha mejorado mis relaciones, sino que también ha reforzado mi reputación como líder y comunicador.

Estos cuatro pilares de la comunicación asertiva verbal son herramientas poderosas que pueden transformar tus interacciones y ayudarte a construir relaciones más sólidas y significativas. A medida que avancemos en este capítulo, exploraremos cómo la comunicación no verbal complementa y refuerza estas técnicas, completando el marco de la comunicación asertiva.

Comunicación paraverbal

El tono y el volumen de voz son componentes fundamentales de la comunicación paraverbal y desempeñan un papel decisivo en la interpretación de nuestros mensajes. El tono puede transmitir diversos estados emocionales, desde entusiasmo hasta desaprobación, mientras que el volumen puede significar la intensidad de lo que decimos. Una voz tranquila y bien modulada puede expresar confianza y control, mientras que las variaciones de tono pueden mantener la atención del oyente y reforzar el mensaje transmitido.

Personalmente, he experimentado el impacto del control de la voz durante las presentaciones. Al modular intencionadamente mi tono y mi volumen para adaptarlos al contexto y al contenido de mi discurso, he podido captar y mantener la atención del público, haciendo que la comunicación sea más eficaz y atractiva.

El ritmo del habla y las pausas

El ritmo con el que hablamos y las pausas que insertamos en nuestro discurso son igualmente importantes en la comunicación paraverbal. Un ritmo adecuado ayuda a que el discurso sea más claro y comprensible. Las pausas, utilizadas estratégicamente, pueden enfatizar un punto, permitir a nuestro interlocutor asimilar la información o simplemente dar a ambos participantes un momento para reflexionar sobre la conversación.

En mis seminarios he insistido a menudo en cómo las pausas pueden transformar un discurso. Una vacilación calculada antes de un punto clave puede aumentar la expectación, mientras que una pausa posterior puede dar peso a lo que se ha dicho, permitiendo a los oyentes reflexionar realmente sobre el mensaje.

Articulación y claridad

La articulación es un aspecto vital de la comunicación paraverbal que a menudo se pasa por alto. Hablar con claridad y pronunciar las palabras correctamente garantiza que el mensaje se entienda sin ambigüedades. Una buena articulación ayuda a evitar malentendidos y muestra respeto por el oyente, demostrando que nos importa que nuestro mensaje se reciba con la mayor claridad posible.

Durante las sesiones de coaching, he trabajado con muchos clientes para mejorar su dicción, a menudo mediante ejercicios de pronunciación y lectura en voz alta. Estos ejercicios no solo mejoran la claridad del habla, sino que también aumentan la confianza a la hora de expresarse, sobre todo en público o en situaciones de estrés.

Implicaciones emocionales de la comunicación paraverbal

La comunicación paraverbal transmite mucho sobre nuestras emociones. La forma en que decimos algo puede revelar más que el contenido de nuestras palabras. La entonación puede expresar frustración, sorpresa, alegría o tristeza, y esto puede influir profundamente en cómo interpreta el mensaje el oyente.

Uno de los aspectos más esclarecedores de mi trabajo fue utilizar la comunicación paraverbal para gestionar y resolver conflictos. Mediante un uso consciente del tono y el volumen, ayudaba a las partes en conflicto a entender no solo lo que decía el otro, sino también cómo se sentía, lo que facilitaba una mayor empatía y comprensión mutua.

En conclusión, la comunicación paraverbal es un elemento esencial de nuestra interacción diaria que, si se utiliza sabiamente, puede mejorar en gran medida la calidad y la eficacia de nuestra comunicación. A continuación, veremos cómo estos elementos se integran con las técnicas de comunicación verbal y no verbal para formar un enfoque comunicativo completo y eficaz.

Comunicación no verbal

El lenguaje corporal es un componente esencial de la comunicación no verbal y desempeña un papel crucial en la asertividad. La postura, los gestos, las expresiones faciales y el contacto visual son sólo algunos de los aspectos que influyen profundamente en cómo nos perciben los demás. Una postura abierta y relajada puede transmitir confianza y franqueza, mientras que un contacto visual directo pero no intimidatorio comunica sinceridad e interés.

Recuerdo claramente que durante una conferencia, mi capacidad para mantener un contacto visual constante con el público aumentó enormemente el nivel de participación de la audiencia. Este sencillo acto no verbal reforzaba el mensaje que estaba comunicando, haciendo que la interacción fuera mucho más eficaz y personal.

Sincronizar la comunicación verbal y no verbal

La concordancia entre la comunicación verbal y la no verbal es crucial para transmitir asertividad y autenticidad. Las discrepancias entre lo que decimos y cómo lo decimos pueden crear confusión y desconfianza.

Por ejemplo, afirmar estar contento mientras se muestra una expresión triste o preocupada puede enviar señales contradictorias.

Para perfeccionar esta sincronización, pasé tiempo estudiando y observando las reacciones de la gente en distintas situaciones, dándome cuenta de cómo pequeños ajustes en mi comportamiento no verbal podían cambiar drásticamente la recepción de mis mensajes. Adaptar conscientemente mi expresión facial, mis gestos y mi postura en función del contexto y el contenido del discurso se convirtió en una práctica diaria en mis esfuerzos por lograr una comunicación más eficaz.

El valor del tacto

En los contextos adecuados, el tacto puede ser una poderosa herramienta de comunicación no verbal. Un apretón de manos firme, una palmada en el hombro o un ligero toque en el brazo pueden expresar apoyo, seguridad y conexión. Sin embargo, es crucial ser sensible a las preferencias personales y los límites de los demás, ya que el tacto puede interpretarse de formas muy distintas según la cultura, las experiencias personales y el contexto.

Una vez, en una sesión de coaching, me di cuenta de que un ligero toque en el brazo ayudaba a tranquilizar a un cliente visiblemente nervioso. Este gesto sencillo pero eficaz ayudó a establecer una conexión y a calmar la ansiedad del cliente, facilitando una comunicación más abierta y fructífera.

Escucha activa a través del lenguaje no verbal

La escucha activa no se limita a lo que hacemos con los oídos; participa todo nuestro cuerpo. Mostrar atención a través de nuestro lenguaje no verbal -asentir con la cabeza, inclinarla ligeramente, mantener el contacto visual y poner una expresión de interés- son formas de demostrar que realmente estamos dispuestos a escuchar a la otra persona.

Como formadora en comunicación personal, siempre he insistido en la importancia de estas señales no verbales durante las sesiones prácticas. Mostrar a los participantes cómo su lenguaje corporal puede comunicar empatía y comprensión sin palabras ha dado lugar a menudo a mejoras significativas en sus interacciones cotidianas.

El lenguaje no verbal, por tanto, es tan poderoso como las palabras que elegimos utilizar. Mejorar nuestra capacidad de comunicación no verbal no sólo refuerza nuestra asertividad, sino que también amplifica nuestra capacidad de conectar con los demás a un nivel más profundo y significativo. En el resto de este capítulo, exploraremos cómo combinar eficazmente elementos verbales y no verbales para maximizar el impacto de nuestra comunicación asertiva.

Comunicación eficaz

La comunicación eficaz es el corazón palpitante de toda relación de éxito, ya sea personal o profesional. Esta sección del libro explora en profundidad cómo optimizar la comunicación asertiva para maximizar la claridad, la empatía y el impacto de nuestras interacciones. La comunicación asertiva no sólo transmite información de forma clara y precisa, sino que también establece una conexión significativa entre las partes implicadas, facilitando el entendimiento y la cooperación.

A través de una serie de subtítulos, veremos los componentes fundamentales que contribuyen a construir una comunicación verdaderamente eficaz, como la coherencia entre palabras y acciones y la importancia de escuchar. Estos elementos son esenciales para cualquiera que aspire a mejorar sus habilidades comunicativas en cualquier ámbito de la vida.

Exploramos estrategias prácticas y reflexiones teóricas para desarrollar un enfoque de la comunicación que refleje integridad, respeto y autenticidad, demostrando cómo la asertividad puede ser un poderoso aliado para fortalecer las relaciones interpersonales y fomentar un entorno de trabajo constructivo y estimulante. Centrándose en ejemplos concretos y consejos aplicables, esta sección está diseñada para convertir la teoría en práctica, proporcionando a los lectores las herramientas necesarias para expresarse con confianza y consideración.

Coherencia entre palabras y acciones

La coherencia entre lo que decimos y las acciones que llevamos a cabo es fundamental para establecer y mantener la credibilidad, tanto en la vida personal como en la profesional. Cuando las palabras se apoyan en acciones congruentes, los demás perciben integridad y fiabilidad. Esto refuerza la confianza, un ingrediente esencial en las relaciones sanas y productivas.

Desde un punto de vista personal, siempre he intentado vivir según el principio de que "las palabras deben corresponderse con los hechos". Recuerdo una situación en la que había prometido a un colega apoyarle en un proyecto importante. A pesar de un contratiempo personal, me aseguré de cumplir mi promesa, reforzando no sólo mi reputación como persona de confianza, sino también mi relación con ese colega.

La coherencia como herramienta de liderazgo

En el contexto del liderazgo, la coherencia entre las palabras y los actos adquiere una importancia aún mayor. Ser líder significa ser un modelo a seguir, y los líderes que demuestran coherencia son los que inspiran lealtad y compromiso. Dirigen no sólo con instrucciones, sino también con el ejemplo, creando un entorno de trabajo positivo y motivador.

A lo largo de mi carrera como consultor, he trabajado con muchos directivos para desarrollar su capacidad de ser coherentes en sus comunicaciones y acciones. Uno de los casos más significativos fue el de un directivo que, al mejorar su coherencia, vio aumentar considerablemente el rendimiento de su equipo, lo que demuestra cómo pequeños cambios en el comportamiento de liderazgo pueden tener grandes repercusiones en la productividad y la moral.

Gestión de incoherencias

Sin embargo, todos nos encontramos a veces en situaciones en las que nuestras acciones no reflejan plenamente nuestras palabras. Afrontar estas incoherencias es crucial para mantener la confianza. Es importante reconocer abiertamente cuándo hemos sido incoherentes y explicar las razones, tratando activamente de volver a alinear nuestras acciones con nuestras declaraciones.

Una vez tuve que admitir ante un cliente que no había podido cumplir un plazo que había prometido, debido a circunstancias imprevistas. Explicando sinceramente la situación y mostrando las medidas que había tomado para remediarla, pude mantener la confianza del cliente a pesar del error inicial.

Coherencia a largo plazo

Mantener la coherencia a largo plazo es un reto que requiere un compromiso y una autoevaluación constantes. Es un proceso que implica no sólo atenerse a lo que se dijo una vez, sino seguir viviendo esos valores y normas en todos los aspectos de la vida. Este compromiso a largo plazo es lo que realmente forja una reputación de fiabilidad e integridad.

Personalmente, he descubierto que llevar un diario de mis promesas y acciones correspondientes me ayuda a mantenerme fiel a mis compromisos. Este método de autocontrol me ha permitido identificar rápidamente cualquier discrepancia entre palabras y acciones y corregir el rumbo cuando ha sido necesario.

En conclusión, la coherencia entre las palabras y los actos no sólo es una base de la comunicación asertiva, sino también un pilar esencial para construir relaciones auténticas y duraderas. A lo largo de este capítulo exploraremos otros aspectos de la comunicación eficaz que apoyan y refuerzan este principio fundamental.

La importancia de escuchar

A menudo se subestima la escucha en la comunicación, pero es uno de los aspectos más poderosos para construir relaciones sólidas y significativas. Escuchar de verdad significa no sólo oír las palabras de los demás, sino comprender el mensaje completo que intentan transmitir, ya sea verbal o no verbal. Escuchar bien demuestra respeto y consideración por la otra parte, elementos que fortalecen cualquier relación.

En mi experiencia, me he dado cuenta de que las veces que he escuchado de verdad, no sólo he respondido mejor a las necesidades de los demás, sino que también he facilitado un entorno en el que los demás se sentían seguros para expresarse. A menudo, esto conducía a descubrimientos y comprensiones que, de otro modo, habrían permanecido inexplorados. Recuerdo una conversación con un cliente en la que el simple acto de escuchar atentamente reveló preocupaciones no expresadas que eran cruciales para el éxito del proyecto.

Técnicas de escucha activa

La escucha activa es una técnica que va más allá del proceso de escuchar pasivamente. Incluye comportamientos como asentir con la cabeza, hacer preguntas de aclaración y repetir lo que se ha dicho para asegurarse de que se ha entendido correctamente. Estas acciones demuestran al interlocutor que estás realmente interesado en lo que dice.

Durante los talleres, suelo enseñar la importancia de estas técnicas, demostrando cómo pueden transformar una conversación. Una vez, al aplicar la escucha activa con un colega frustrado, descubrí que el origen de su frustración no era lo que yo pensaba, sino algo mucho más profundo. Esta comprensión me permitió ofrecer un apoyo más eficaz y personalizado.

Retos para una escucha eficaz

Escuchar puede ser un reto, sobre todo en entornos ruidosos o cuando se tratan temas con carga emocional. Las distracciones, los prejuicios personales y las preocupaciones pueden interferir en nuestra capacidad de escuchar con eficacia. Reconocer y superar estos obstáculos es esencial para ser un mejor comunicador.

Personalmente, tuve que trabajar para superar la tendencia a formular respuestas mientras otros hablaban, lo que a veces me distraía de escuchar plenamente. Aprender a dejar de lado mis reacciones inmediatas para centrarme plenamente en el orador fue un gran avance en mi capacidad de escuchar.

La escucha como herramienta de empatía

Por último, escuchar es una poderosa herramienta para desarrollar y mostrar empatía. Comprender de verdad a los demás y ver el mundo desde su perspectiva no sólo enriquece nuestras interacciones, sino que abre las puertas a conexiones más profundas. La empatía construida a través de la escucha atenta puede convertir los conflictos en entendimientos y las diferencias en oportunidades de crecimiento.

Recuerdo una situación en la que la escucha empática ayudó a "desinflar" un conflicto incipiente en un equipo. Dedicando tiempo a comprender las preocupaciones de cada miembro, sin juzgar y con sinceridad, convertimos la tensión en colaboración, demostrando cómo la escucha puede realmente resolver problemas y unir a las personas.

Escuchar, por tanto, no es sólo un componente de la comunicación; es el corazón mismo de la interacción humana. A través de la escucha, podemos tender puentes de comprensión y respeto que son fundamentales para cualquier forma de relación asertiva y positiva. En el próximo capítulo exploraremos otros aspectos de la comunicación eficaz que pueden mejorarse con la habilidad de la escucha activa.

Test: Evaluación de sus capacidades de comunicación

Instrucciones: Completa el siguiente test eligiendo la opción que mejor describa tu respuesta típica en diferentes situaciones de comunicación. Este test está diseñado para ayudarle a reflexionar sobre su eficacia comunicativa y su estilo de comunicación asertiva. Responda con sinceridad para obtener un análisis preciso de su comportamiento comunicativo.

1) Durante una reunión, observas que un colega parece no entender un punto importante. ¿Cómo reacciona?

A) Seguir hablando, con la esperanza de que acabe entendiéndolo.

B) Pregunta a tu colega si hay algo que no esté claro e intenta explicarlo mejor.

C) Ignorar su desorientación y seguir con el orden del día.

D) Aumenta la complejidad de su explicación para demostrar su competencia.

2) No estás de acuerdo con un amigo sobre un plan para el fin de semana. ¿Cómo expresas tu punto de vista?

A) Aceptar su plan para evitar un enfrentamiento.

B) Explique claramente por qué no está de acuerdo y proponga una alternativa que satisfaga a ambos.

C) Decide no participar si sigues su plan.

D) Insiste en tu propuesta hasta convencer a tu amigo.

3) ¿Cómo responde cuando recibe comentarios negativos sobre su trabajo?

A) Inmediatamente te justificas intentando explicar tu punto de vista.

B) Escucha atentamente, agradece los comentarios y pide ejemplos concretos para comprender mejor.

C) Ignoras los comentarios y sigues haciendo las cosas a tu manera.

D) Acepta los comentarios sin objeciones, aunque no estés de acuerdo.

4) ¿Cómo te comportas cuando tienes que dar un feedback negativo a alguien?

A) Evita darlo para no crear tensión.

B) Lo expresas de forma clara y constructiva, asegurándote de mantener una actitud positiva.

C) Lo comunicas directamente y sin preocuparte por posibles reacciones negativas.

D) Lo haces de forma crítica, señalando todos los errores.

5) En una discusión, te das cuenta de que la conversación se está volviendo demasiado acalorada. ¿Qué hacer?

A) Te retiras de la conversación para evitar más conflictos.

B) Propones hacer una pausa y reanudar la discusión cuando se hayan calmado los ánimos.

C) Levantas la voz con la esperanza de abrumar a los demás con tu punto de vista.

D) Cambias de tema para desviar la atención del desacuerdo.

Análisis de los resultados

Si obtienes una mayoría de respuestas A:

Sus respuestas sugieren que intenta evitar las situaciones de confrontación directa. Este enfoque puede limitar la eficacia de su comunicación, ya que no permite una verdadera expresión de sus pensamientos y sentimientos, dejando a menudo cuestiones importantes sin resolver. Es esencial desarrollar estrategias que te animen a expresarte con más libertad. Considere técnicas como preparar de antemano lo que quiere comunicar en situaciones estresantes o practicar expresiones claras y directas en un entorno seguro. Esto puede ayudarle a sentirse más cómodo compartiendo abiertamente sus ideas y emociones.

Si has obtenido una mayoría de respuestas B:

Demuestras un excelente nivel de comunicación asertiva. Tus respuestas indican que eres capaz de expresar tus pensamientos y sentimientos de forma eficaz y equilibrada, fomentando relaciones sanas y constructivas. Es importante seguir cultivando estas habilidades para mantenerlas afiladas. Practicar la escucha activa, buscar feedback con regularidad y permanecer abierto a métodos de mejora continua son estrategias que pueden apoyar y mejorar aún más tu asertividad.

Si has obtenido una mayoría de respuestas C:

Sus respuestas reflejan un estilo de comunicación directo, que a veces puede parecer agresivo a los demás. Esto puede provocar malentendidos o reacciones defensivas por parte de tus interlocutores. Resulta útil reflexionar sobre cómo moderar tu enfoque para incorporar más empatía y respeto por las perspectivas de los demás. Aprender a moderar el tono de voz, hacer preguntas que inviten a compartir y reconocer y validar los sentimientos de los demás puede transformar tu comunicación en una herramienta más eficaz y aceptada.

Si obtienes una mayoría de respuestas D:

Sus respuestas sugieren que tiende a ser demasiado complaciente o, por el contrario, demasiado crítico. Esto puede deberse a un deseo de evitar conflictos o, por el contrario, a una postura demasiado rígida. En ambos casos, es crucial encontrar un equilibrio entre expresar tus necesidades y tener en cuenta las de los demás. Practicar el establecimiento de límites claros y la negociación de soluciones que respeten tanto tus necesidades como las de los demás puede mejorar significativamente tu interacción con los demás.

Evaluación periódica:

La repetición de esta prueba a lo largo del tiempo puede ofrecerte información valiosa sobre tus progresos en la mejora de tu capacidad para comunicarte de forma asertiva. Te ayuda a identificar áreas de fortaleza y mejora continua, asegurando que tu crecimiento en comunicación asertiva sea dinámico y adaptable a las diferentes situaciones que se te presenten.

Preguntas de reflexión para el capítulo 2: Aspectos básicos de la comunicación asertiva

El capítulo 2 profundiza en los elementos fundamentales de la comunicación asertiva, explorando tanto la comunicación verbal como la no verbal, y destacando la importancia de una comunicación coherente y eficaz. Para ayudarte a interiorizar y aplicar estos conceptos, las preguntas de reflexión que siguen a este capítulo están diseñadas para estimular un profundo autoanálisis y facilitar la aplicación práctica de las lecciones aprendidas.

Cómo utilizar las preguntas de reflexión

Reflexión personal:

Utiliza estas preguntas como parte de una reflexión personal diaria o semanal. Anota tus respuestas en un diario para seguir tu progreso y desarrollo en la comunicación asertiva.

Diálogo abierto:

Si formas parte de un grupo de estudio o trabajas en un entorno de equipo, estas preguntas pueden servir para estimular debates productivos y compartir diferentes perspectivas y estrategias.

Integración diaria:

Ten en cuenta estas preguntas en tus interacciones diarias. Son una gran herramienta para ser consciente de la dinámica de comunicación en juego y poner en práctica conscientemente técnicas asertivas.

Revisión periódica:

Revise periódicamente sus respuestas para observar cómo han cambiado con el tiempo. Esto puede ayudarte a evaluar tu crecimiento y a identificar nuevas áreas en las que centrarte.

Aplicación práctica:

Después de reflexionar sobre cada pregunta, piensa en situaciones futuras concretas en las que podrías aplicar lo que has aprendido, convirtiendo la teoría en una práctica eficaz.

Comunicación verbal:

Cuando hablas con los demás, ¿eres consciente del tono y el volumen de tu voz? ¿Cómo influyen estos elementos en tus interacciones?

¿Ha habido ocasiones en las que sus palabras no transmitían exactamente lo que quería decir? ¿Cómo manejó estas situaciones?

Comunicación no verbal:

Reflexiona sobre una interacción reciente: ¿qué señales no verbales utilizaste? ¿Cómo crees que las interpretó la otra persona?

¿Cuál es el elemento de tu comunicación no verbal que crees que necesita más atención o mejora?

Coherencia entre palabras y acciones:

¿Tienes experiencias recientes en las que tus actos no hayan coincidido con lo que dijiste? ¿Cuáles pueden haber sido las consecuencias de esta incoherencia?

¿Cómo podrías mejorar la coherencia entre tus palabras y tus actos en el futuro?

La importancia de escuchar:

Piense en un diálogo reciente: ¿ha sido usted un oyente activo? ¿Hay algo que podría haber hecho mejor?

¿Qué técnicas podrías poner en práctica para mejorar tu capacidad de escucha?

Evaluación de las capacidades de comunicación:

Después de completar los ejercicios de autoevaluación, ¿qué puntos fuertes y áreas de mejora identificó?

¿Qué medidas concretas piensa tomar para trabajar en las áreas de mejora reveladas por la prueba?

Estas preguntas de reflexión están diseñadas para guiarte a través de un proceso de autodescubrimiento y mejora continua, garantizando que las habilidades de comunicación que desarrolles estén bien fundamentadas y listas para ser aplicadas en todos los ámbitos de tu vida.

CAPÍTULO 3: LA ASERTIVIDAD EN RELACIONES DE PAREJA

Comunicación con el socio

Las relaciones de pareja pueden ser increíblemente gratificantes, pero también complejas, y requieren una comunicación constante y atenta. Este capítulo se centra en el fortalecimiento de las habilidades de comunicación asertiva dentro de la dinámica de pareja, haciendo especial hincapié en cómo los miembros de la pareja pueden expresar sus necesidades de forma eficaz y respetuosa.

La clave del éxito de una relación no sólo reside en el amor mutuo, sino también en la capacidad de comunicar con claridad las propias necesidades, deseos y expectativas. En este contexto, la asertividad no consiste sólo en hablar abiertamente, sino también en escuchar activamente y responder de forma constructiva. Exploraremos cómo las técnicas de comunicación asertiva pueden transformar la relación, promover la comprensión mutua y resolver los conflictos de forma productiva.

Expresar las necesidades

Expresar claramente las propias necesidades en una relación es crucial para evitar malentendidos y frustraciones. Es esencial ser específico sobre lo que uno quiere o necesita de su pareja. Esta transparencia ayuda a tu pareja a entender mejor tus expectativas y facilita una respuesta más adecuada.

Mi experiencia me ha enseñado que la ambigüedad suele ser fuente de tensiones. Por ejemplo, solía dar por sentado que mi mujer sabía lo que yo necesitaba sin que yo lo expresara claramente. Esto a menudo provocaba frustración en ambas partes. Con el tiempo, descubrí que ser explícito sobre mis necesidades no sólo eliminaba la incertidumbre, sino que reforzaba nuestro vínculo.

Técnicas para expresar las necesidades de forma asertiva

Una técnica eficaz para expresar las necesidades es el uso de los "mensajes yo". Este enfoque consiste en hablar en primera persona para describir un problema sin culpar a la pareja. Por ejemplo, decir "me siento desatendida cuando trabajas hasta tarde sin decírmelo" es más constructivo que una acusación directa, como "nunca te molestas en estar en casa para cenar".

El uso de los "mensajes yo" es algo que he integrado en mi comunicación diaria. Esta táctica no solo evita una actitud defensiva, sino que fomenta un debate abierto sobre las necesidades de ambos interlocutores, facilitando una solución mutuamente satisfactoria.

Momento oportuno para expresar las necesidades

El momento es crucial para expresar las necesidades. Elegir el momento adecuado puede marcar la diferencia entre ser escuchado o ignorado. Es preferible hablar de las necesidades personales en un momento en que ambos miembros de la pareja estén relativamente relajados y disponibles, que durante o inmediatamente después de un desacuerdo.

Me he dado cuenta de que hablar de mis necesidades después de cenar, cuando los dos estamos más relajados y menos distraídos por las responsabilidades cotidianas, hace que la conversación sea más productiva y menos tensa.

Escucha activa y respuesta a las necesidades del interlocutor

Aunque es importante expresar las propias necesidades, es igualmente crucial escuchar y responder a las necesidades de la pareja. La escucha activa implica prestar toda la atención, reflexionar sobre lo que se ha dicho y responder de forma que la pareja se sienta comprendida. Esto no sólo demuestra respeto por los sentimientos de la pareja, sino que refuerza la confianza y la conexión emocional entre ambos.

Durante mis sesiones de asesoramiento con parejas, hago hincapié en la importancia de este intercambio bidireccional. Mostrar interés y atención por las necesidades de la pareja puede transformar radicalmente la dinámica de una relación, conduciendo a un mayor equilibrio y satisfacción mutua.

Estos aspectos de la expresión de necesidades son esenciales para mantener una comunicación sana y una relación de pareja satisfactoria. A continuación, exploraremos otras técnicas y estrategias para mejorar aún más la comunicación asertiva entre la pareja.

Escucha activa

La comunicación en las relaciones de pareja es un terreno fértil para la aplicación práctica de la asertividad. En este capítulo, exploraremos cómo mejorar la comprensión y la intimidad entre los miembros de la pareja mediante técnicas de comunicación asertiva, centrándonos en la escucha activa. Esta habilidad no sólo facilita un diálogo más abierto y sincero, sino que también refuerza el vínculo emocional, permitiendo que ambos miembros de la pareja se sientan vistos, escuchados y comprendidos.

Fundamentos de la escucha activa

La escucha activa es una técnica de comunicación que consiste en escuchar al interlocutor con la intención de comprender plenamente su mensaje, sin juzgarlo, interrumpirlo o planear qué decir a continuación. Es un acto de presencia total hacia el otro, que implica no sólo oír las palabras, sino también captar los mensajes no verbales y las emociones subyacentes.

Personalmente, he descubierto que practicar la escucha activa ha transformado mis relaciones más significativas. En los momentos de tensión con mi mujer, aprendí que dejar a un lado mi deseo de responder inmediatamente y optar por escuchar atentamente a menudo me llevaba a comprender mejor sus preocupaciones y allanaba el camino hacia soluciones mutuamente satisfactorias.

Técnicas para mejorar la escucha activa

Mejorar la escucha activa puede facilitarse adoptando algunas técnicas específicas, como mantener el contacto visual, asentir con la cabeza para mostrar comprensión y parafrasear lo que ha dicho el interlocutor para confirmar que lo ha entendido. Otra práctica útil consiste en formular preguntas abiertas que animen al interlocutor a expresarse con mayor plenitud.

Además, es fundamental evitar las distracciones durante las conversaciones. Durante una sesión de asesoramiento que impartí, observé cómo una pareja transformaba su comunicación simplemente apagando sus dispositivos y dedicándose por completo el uno al otro durante sus intercambios. Este pequeño cambio mejoró significativamente la calidad de sus interacciones.

Escucha activa en situaciones de conflicto

La escucha activa es especialmente importante en situaciones de conflicto, en las que las emociones pueden dominar fácilmente la capacidad de escuchar. En esos momentos, es vital mantener la calma y centrarse en escuchar sin defenderse ni atacar. Esto permite comprender la raíz del problema y trabajar juntos hacia una solución compartida.

En los talleres, enseño que hacer pausas breves antes de responder puede ayudar a controlar las reacciones instintivas y promover respuestas más reflexivas y respetuosas. Esta táctica ha ayudado a muchas parejas a convertir posibles estallidos emocionales en diálogos constructivos.

Promover un entorno propicio a la escucha activa

Es esencial crear un entorno propicio a la escucha activa. Esto incluye establecer momentos regulares en los que se pueda hablar sin prisas ni interrupciones. También es importante expresar aprecio cuando la pareja practica la escucha activa, reconociendo sus esfuerzos para que la comunicación sea más eficaz.

Personalmente, experimenté el efecto positivo de establecer "citas" periódicas para hablar de temas importantes, asegurándonos de que ambos teníamos espacio y tiempo para expresar libremente nuestros pensamientos y sentimientos. Esto no solo mejoró nuestra capacidad para resolver problemas, sino que también reforzó nuestro vínculo emocional.

La escucha activa es un pilar de la comunicación de pareja que, si se practica con regularidad, puede transformar la dinámica de una relación. En el resto de este capítulo, seguiremos explorando otras estrategias que favorecen la comunicación asertiva y enriquecen las relaciones íntimas.

Gestión de conflictos

Los conflictos y desacuerdos son naturales en cualquier relación, pero la forma en que se gestionan puede determinar la salud y longevidad del vínculo entre los miembros de la pareja. Este capítulo se centra en las estrategias asertivas para gestionar y resolver los conflictos en las relaciones de pareja, haciendo hincapié en la importancia de un enfoque constructivo y respetuoso que valore la comunicación y el compromiso. Exploraremos cómo un enfoque asertivo del conflicto puede transformar las crisis potenciales en oportunidades de crecimiento y comprensión mutua.

Resolución de desacuerdos

El primer paso para resolver eficazmente un desacuerdo es reconocer su existencia y aceptar que tener opiniones diferentes es normal y saludable en una relación. Negar un conflicto o ignorarlo sólo puede empeorar las cosas a largo plazo.

Por experiencia propia, he aprendido que abordar los desacuerdos en cuanto surgen evita que se acumulen los resentimientos. Por ejemplo, al hablar abiertamente de un problema con mi mujer cuando surge, en lugar de dejar que fermente bajo la superficie, a menudo encontramos soluciones creativas que nos satisfacen a ambos.

Utilizar técnicas de comunicación asertiva

Una vez reconocido el desacuerdo, es crucial utilizar técnicas de comunicación asertivas para expresar las propias opiniones. Esto incluye utilizar "mensajes yo", mantener el contacto visual, hablar con calma y claridad, y escuchar activamente.

Durante un taller sobre relaciones de pareja, ilustré cómo expresar el desacuerdo con frases como "Me frustra que tomes decisiones sin consultarme" en lugar de "Nunca me tienes en cuenta en tus decisiones". Este enfoque minimiza la actitud defensiva de la pareja y allana el camino para una conversación más productiva.

Buscar soluciones beneficiosas para todos

Al resolver un desacuerdo, el objetivo debe ser siempre encontrar una solución satisfactoria para ambas partes. Esto puede requerir negociación y compromiso. Una técnica útil es la lluvia de ideas conjunta para explorar todas las opciones posibles y sopesar sus pros y sus contras en un entorno de apoyo mutuo.

En una sesión de asesoramiento, guié a una pareja a través de un proceso de lluvia de ideas que les ayudó a ver más allá de sus posturas iniciales y a descubrir soluciones que no se les habían ocurrido individualmente, demostrando cómo el trabajo en equipo para resolver conflictos puede fortalecer la relación.

Mantener el respeto mutuo

Por último, es vital que ambos miembros de la pareja mantengan un profundo respeto mutuo durante todo el proceso de resolución de desacuerdos. Esto significa evitar la escalada emocional, como levantar la voz o utilizar un lenguaje abusivo, y centrarse en cambio en un diálogo constructivo.

Recuerdo una vez, en un momento de tensión, cómo el simple hecho de hacer una breve pausa para respirar profundamente nos ayudó a mi mujer y a mí a calmarnos y reanudar la discusión con nueva energía y una perspectiva renovada. Así mantuvimos el respeto y el afecto en el centro de nuestra interacción, incluso en medio del desacuerdo.

En resumen, la gestión eficaz de los conflictos mediante técnicas de comunicación asertiva no sólo evita daños a largo plazo en las relaciones de pareja, sino que también puede profundizar la comprensión y la intimidad entre los miembros de la pareja. En los párrafos siguientes, seguiremos explorando otros aspectos cruciales de la gestión de conflictos y el fortalecimiento de la dinámica de pareja.

Crear compromisos

Navegar a través de los conflictos en una relación de pareja requiere habilidad y delicadeza, especialmente cuando se intenta llegar a compromisos que respeten las necesidades de ambos miembros de la pareja. En este segmento del capítulo, exploramos cómo crear compromisos efectivos que no sólo resuelvan los desacuerdos, sino que también fortalezcan la relación, demostrando cómo la asertividad puede guiar hacia soluciones equilibradas y satisfactorias.

Comprender el valor del compromiso

El compromiso en una relación no significa renunciar a una parte de uno mismo, sino encontrar un terreno común que respete las necesidades de ambos miembros de la pareja. Es un signo de madurez y dedicación a la relación. Un buen compromiso permite a ambas partes sentirse escuchadas y valoradas, preservando la integridad y el respeto mutuo.

En mi experiencia personal y profesional, he visto que cuando las parejas comprenden el verdadero valor del compromiso, están más dispuestas a trabajar juntas para superar los desacuerdos. Recuerdo a una pareja que estaba planeando unas vacaciones; cada uno tenía ideas muy diferentes sobre dónde ir. A través de la discusión, encontraron una solución que combinaba el deseo de aventura de uno con la necesidad de relajación del otro, lo que resultó en unas vacaciones que ambos pudieron disfrutar al máximo.

Pasos para negociar un compromiso

Negociar un compromiso requiere apertura y flexibilidad. He aquí algunos pasos clave:

A. Expresar claramente las propias necesidades y deseos

Es crucial que cada miembro de la pareja tenga la oportunidad de expresar sus necesidades y expectativas abiertamente y sin interrupciones. Este paso requiere un entorno de comunicación en el que se acoja y valore la sinceridad y en el que cada persona se sienta segura al compartir sus pensamientos y sentimientos. Para facilitar este proceso, es útil establecer reglas básicas, como evitar las críticas o las interrupciones mientras la otra persona habla.

En mi experiencia, he observado que cuando los miembros de la pareja se comprometen a compartir sus verdaderas preocupaciones en un contexto de respeto mutuo, la calidad de las soluciones encontradas aumenta considerablemente. Por ejemplo, mi mujer y yo nos comprometemos a reservar un tiempo específico para hablar de temas importantes, asegurándonos de que ambos disponemos de tiempo suficiente para exponer nuestros puntos de vista sin prisas.

B. Escuchar activamente y con empatía

Escuchar activamente va más allá de simplemente oír las palabras de la otra persona; significa hacer un esfuerzo por comprender plenamente la perspectiva y las emociones del interlocutor. Esto puede incluir gestos que muestren atención, como asentir con la cabeza o mantener el contacto visual, y técnicas como parafrasear lo que se ha dicho para confirmar que se ha entendido.

La empatía es igualmente crucial: intentar ponerse en el lugar de la otra persona y ver la situación desde su punto de vista. He aprendido que cuando respondo a las preocupaciones de mi mujer con empatía, la conversación suele ser más productiva y menos conflictiva, ya que ambos nos sentimos comprendidos y apreciados.

C. Explorar alternativas juntos

Tras escuchar y comprender las necesidades de la otra parte, el siguiente paso es explorar juntos posibles soluciones. Este proceso puede incluir una lluvia de ideas sobre todas las opciones posibles, discutiendo abiertamente sus pros y sus contras. Es esencial mantener una mente abierta y flexible, ya que a menudo la mejor solución no es la primera que se nos ocurre.

Durante una discusión sobre dónde pasar nuestras vacaciones, por ejemplo, sugerí que escribiéramos juntos todos los destinos que cada uno quería visitar y luego los evaluáramos juntos. Este enfoque colaborativo nos permitió descubrir nuevas posibilidades y encontrar un destino que nos entusiasmara a los dos.

D. Estar dispuesto a hacer concesiones

La esencia del compromiso es la voluntad de hacer concesiones. A veces esto significa aceptar modificar ligeramente los propios planes o expectativas para adaptarse mejor a las necesidades de la pareja. Las concesiones deben ser equilibradas y mutuamente beneficiosas, demostrando que ambos miembros de la pareja están dispuestos a trabajar juntos por el bien de la relación.

Estos pasos, si se siguen con dedicación y respeto mutuo, no sólo pueden resolver conflictos, sino también profundizar la intimidad y la comprensión en la relación de pareja.

Mantener la equidad en el proceso de compromiso

Es importante que el proceso de compromiso sea percibido como justo por ambas partes. Esto significa que ningún miembro de la pareja debe sentirse constantemente sacrificado o desatendido. Un equilibrio entre lo que se da y lo que se recibe es crucial para evitar futuros resentimientos.

En algunas sesiones de asesoramiento, tuve que abordar situaciones en las que uno de los miembros de la pareja sentía que siempre daba más que el otro. Trabajando en un enfoque más equilibrado, pudimos restablecer un sentido de la justicia que mejoró significativamente su conexión y satisfacción en la relación.

Evaluar y ajustar los compromisos

Por último, es esencial evaluar periódicamente cómo están afectando los compromisos a la relación. Esto puede implicar un seguimiento regular para asegurarse de que ambos miembros de la pareja se sienten satisfechos con las soluciones encontradas. Si es necesario, los compromisos pueden renegociarse para reflejar mejor los cambios en las necesidades o circunstancias de cada uno.

En mi propia vida, he descubierto que comprobar periódicamente con mi mujer cómo nos sentimos respecto a decisiones anteriores nos ayuda a mantenernos conectados y a responder con prontitud a cualquier problema, evitando así acumulaciones de insatisfacción.

Crear compromisos efectivos es un arte que requiere paciencia, dedicación y un firme compromiso de escucha y respeto mutuo. A través de este proceso, las parejas no solo pueden resolver desacuerdos, sino también construir unos cimientos más sólidos para su futura relación.

Test: Asertividad en las relaciones

Instrucciones: Responda a las siguientes preguntas eligiendo la opción que considere más representativa de su comportamiento típico en una relación. Este test está diseñado para ayudarle a reflexionar sobre su capacidad para gestionar conflictos y comunicarse eficazmente con su pareja. Sus respuestas pueden ofrecerle sugerencias sobre áreas de fortaleza y áreas de mejora.

1) Cuando tu pareja y tú tenéis un desacuerdo sobre una decisión importante, ¿cómo reaccionáis?

A) Insistes en tu solución sin tener en cuenta su opinión.

B) Intentar encontrar una solución de compromiso que pueda satisfacer a ambos.

C) Cedes fácilmente para evitar conflictos.

D) Ignoras el problema con la esperanza de que se resuelva por sí solo.

2) Si tu pareja expresa una necesidad que tú no consideras prioritaria, ¿cómo respondes?

A) Ignoras su petición porque crees que tus necesidades son más importantes.

B) Comenta la necesidad con él para comprenderla mejor y evaluar cómo podéis colaborar para satisfacerla.

C) Aceptas satisfacer su necesidad aunque no estés de acuerdo.

D) Estás irritado o te sientes abrumado por su petición.

3) ¿Cómo te comportas cuando tienes que expresar una necesidad personal que puede no gustar a tu pareja?

A) Lo expresas abiertamente, utilizando "mensajes yo" e intentando explicar por qué es importante para ti.

B) Evitar hablar de ello para no perturbar la armonía.

C) Lo expresas de forma agresiva para dejar claro que hay que tomárselo en serio.

D) Lo mencionas casualmente sin dar demasiada importancia a su reacción.

4) Tu pareja hace algo que no te gusta; ¿cuál es tu planteamiento para discutirlo?

A) Espera el momento oportuno y habla del asunto con calma, explicando por qué te ha molestado.

B) Criticar inmediatamente su comportamiento.

C) Tiendes a no decir nada y a guardarte el resentimiento.

D) Haz comentarios sarcásticos o indirectos con la esperanza de que te entienda.

5) ¿Cómo se manejan las situaciones en las que ambos tienen opiniones fuertes pero opuestas sobre un tema?

A) Tratas de imponer tu punto de vista para convencer a tu interlocutor.

B) Trabajar juntos para comprender las razones de las opiniones de cada uno y encontrar puntos en común.

C) Dejas que tu pareja decida para evitar la confrontación.

D) Evitas por completo el tema para no desencadenar una discusión.

Análisis de los resultados

Si obtienes una mayoría de respuestas A:

Su comunicación tiende a ser directa y clara a la hora de destacar sus necesidades, lo cual es un aspecto positivo de ser asertivo. Sin embargo, es importante tener cuidado de no caer en la agresividad. Ser asertivo no significa imponer tu voluntad, sino comunicarte de forma respetuosa y ponderada. Perfeccione su capacidad para ser asertivo sin dejar de respetar las necesidades de su interlocutor. Explore técnicas como modular el tono de voz, utilizar un lenguaje que invite al diálogo y no a la confrontación, y reconocer y validar los sentimientos de su pareja antes de exponer los suyos propios.

Si has obtenido una mayoría de respuestas B:

Demuestra un excelente equilibrio entre asertividad y empatía, dos cualidades fundamentales para una comunicación eficaz y respetuosa. Tu enfoque equilibrado fomenta unas relaciones sanas y constructivas en las que tanto tú como tu interlocutor os sentís escuchados y valorados. Siga cultivando estas habilidades esenciales mediante la práctica regular de la retroalimentación mutua, la escucha activa y la colaboración en la resolución de problemas para mantener y reforzar una comunicación sana en su relación.

Si has obtenido una mayoría de respuestas C:

Sus respuestas indican una tendencia hacia un comportamiento pasivo, en el que usted antepone sistemáticamente las necesidades de su pareja a las suyas propias. A veces, esto puede provocar un desajuste entre tus necesidades y las de la relación, lo que puede generar frustración y resentimiento. Es importante que tus necesidades también se expresen y se tengan en cuenta. Trabaje para comunicar sus necesidades de forma más abierta y segura, recordando que su opinión es tan valiosa como la de su pareja. Practicar la autoafirmación de forma saludable puede mejorar significativamente tu bienestar y la armonía en la relación.

Si obtienes una mayoría de respuestas D:

Evitar los conflictos puede parecer la opción más fácil para mantener la paz a corto plazo, pero a menudo esta estrategia puede agravar los problemas a largo plazo. Evitar abordar cuestiones importantes puede dar lugar a malentendidos no resueltos y sentimientos no expresados que pueden erosionar los cimientos de su relación. Desarrolla estrategias para afrontar los conflictos de forma abierta y constructiva, aprendiendo a expresar tus pensamientos y sentimientos de manera que fomenten el diálogo en lugar de la discordia. Considera la posibilidad de adoptar técnicas como la negociación y la resolución colaborativa de problemas para mejorar la gestión de conflictos.

Evaluación continua:

Repetir este test periódicamente es una excelente forma de supervisar tus progresos en el arte de la comunicación asertiva y la gestión de conflictos en tu relación. Cada repetición puede proporcionarte nuevas perspectivas y ayudarte a identificar las áreas que necesitan más atención y mejora, asegurando así un crecimiento y desarrollo personal continuos en tus relaciones interpersonales.

Preguntas de reflexión para el capítulo 3: La asertividad en las relaciones de pareja

El capítulo 3 está dedicado específicamente al arte de la comunicación asertiva en las relaciones de pareja. Este capítulo, en el que se tratan temas cruciales como la expresión de las propias necesidades, la escucha activa de la pareja y la gestión eficaz de los conflictos, proporciona herramientas esenciales para construir y mantener una relación sana y recíproca. Las preguntas de reflexión al final del capítulo están diseñadas para ayudarle a reflexionar sobre su interacción de pareja y promover la mejora continua de su comunicación.

Cómo utilizar las preguntas de reflexión

Momentos de reflexión personal:

Tómate un tiempo para reflexionar individualmente sobre estas preguntas, idealmente en un momento en el que puedas concentrarte sin distracciones. Anotar tus respuestas puede ayudarte a aclarar tus ideas y a comprobar tus progresos a lo largo del tiempo.

Diálogo con el socio:

Estas preguntas también pueden servir de base para una conversación sincera y abierta con tu pareja. Compartir sus reflexiones puede ayudarles a comprender mejor la dinámica de su relación y a trabajar juntos para conseguir mejoras concretas.

Revisión y reflexión continuas:

Revisa tus respuestas periódicamente o después de afrontar situaciones importantes en tu relación. Esto te permitirá evaluar si estás aplicando eficazmente las estrategias de comunicación asertiva que has aprendido y adaptándolas a las necesidades de tu relación.

Aplicación práctica:

Aprovecha las situaciones cotidianas para practicar las habilidades tratadas en este capítulo. Cada interacción con tu pareja es una oportunidad para practicar la asertividad de forma constructiva.

Preguntas de reflexión para el capítulo 3

Expresar las necesidades:

Pensando en las últimas discusiones con tu pareja, ¿pudiste expresar claramente tus necesidades sin sentirte culpable o agresivo? ¿Qué estrategias utilizó?

¿Qué necesidades crees que no son escuchadas o comprendidas plenamente por tu pareja? ¿Cómo podrías comunicarlas más claramente?

Escucha activa:

Reflexiona sobre cómo escuchas a tu pareja durante las conversaciones cotidianas. ¿Hay momentos en los que interrumpes o supones sus intenciones sin escuchar del todo?

¿Qué técnicas de escucha activa podrías poner en práctica para mejorar tu capacidad de comprender realmente a tu interlocutor?

Resolución de desacuerdos:

Piensa en un desacuerdo reciente: ¿cómo lo gestionaste? ¿Mantuvo una actitud asertiva sin caer en comportamientos pasivos o agresivos?

¿Qué estrategias podrías utilizar en el futuro para resolver los desacuerdos de forma más eficaz y respetuosa?

Crear compromisos:

Piensa en situaciones en las que hayas tenido que llegar a un compromiso, ¿crees que el resultado fue justo para ambos? ¿Cómo podrías mejorar el proceso de negociación?

¿Qué ejemplo de compromiso ha tenido éxito en tu relación? ¿Qué funcionó bien?

Evaluación de las capacidades de comunicación:

Tras completar el test de autoevaluación de tus habilidades comunicativas en la pareja, ¿cuáles fueron tus puntos fuertes y tus áreas de mejora?

¿Qué medidas concretas puede adoptar para abordar los aspectos susceptibles de mejora detectados en la prueba?

Estas preguntas están diseñadas para guiarle en una profunda reflexión sobre sus prácticas de comunicación dentro de su relación y ayudarle a identificar las áreas en las que podría seguir creciendo. Utilízalas para mejorar continuamente la forma en que interactúas con tu pareja, construyendo así una base sólida para una relación duradera y mutuamente satisfactoria.

CAPÍTULO 4: ASERTIVIDAD EN LAS RELACIONES FAMILIARES

Comunicación con los familiares

Las relaciones familiares, ricas en historia compartida y profundos lazos emocionales, presentan retos de comunicación únicos. Este capítulo explora cómo puede aplicarse eficazmente la asertividad dentro de la unidad familiar para mejorar la comunicación y fortalecer los vínculos. Al explorar técnicas para expresar sentimientos y gestionar las interacciones cotidianas, el capítulo ofrece herramientas para navegar por las complejidades de la dinámica familiar con respeto, comprensión y autenticidad.

Expresar sentimientos

Expresar abiertamente los sentimientos en la familia es vital para mantener unas relaciones sinceras y sanas. Sin embargo, hacerlo de forma asertiva requiere equilibrio y sensibilidad, sobre todo teniendo en cuenta las diferentes personalidades y limitaciones personales. Reconocer y validar los propios sentimientos como legítimos e importantes es el primer paso para comunicarlos con eficacia.

En mi propia experiencia, he descubierto que hablar de mis sentimientos sin acusar a otros miembros de la familia de causarlos ha abierto la puerta a discusiones más pacíficas y constructivas. Por ejemplo, cuando me siento frustrada por una situación familiar, explico mis emociones diciendo "Me siento frustrada cuando pasa esto..." en lugar de acusar directamente a alguien de causar ese sentimiento. Este enfoque facilita una respuesta más empática y menos defensiva.

Utilizar técnicas de comunicación para expresar sentimientos

Utilizar técnicas de comunicación asertiva, como los "mensajes yo", puede ayudar a expresar los sentimientos de forma clara y directa. Estos mensajes se centran en cómo te sientes y qué piensas sin atribuir culpas, lo que es crucial para mantener la armonía familiar.

Por ejemplo, si un familiar se olvida con frecuencia de tus acontecimientos importantes, podrías decir: "Me siento desatendido cuando se olvidan de mis acontecimientos importantes. Me gustaría sentirme apoyado en estas ocasiones". Esta forma de expresar los sentimientos invita a la comprensión mutua y a la búsqueda de soluciones compartidas sin desencadenar reacciones defensivas.

Crear un entorno seguro para la expresión emocional

Es esencial crear un entorno en el que todos los miembros de la familia se sientan seguros para expresar sus sentimientos. Esto incluye establecer reglas básicas como escuchar sin interrumpir, no juzgar ni ridiculizar los sentimientos de los demás y responder con empatía.

En su casa, puede organizar "reuniones familiares" semanales en las que todos puedan hablar libremente de sus pensamientos y sentimientos sobre la semana pasada. Estas reuniones pueden mejorar mucho la comunicación familiar y reforzar los lazos, haciendo que todos estéis más atentos a las necesidades emocionales de los demás.

Afrontar las reacciones negativas a la expresión de sentimientos

La expresión de sentimientos no siempre será bien recibida; a veces puede provocar reacciones negativas o defensivas. Es importante prepararse para manejar estas situaciones manteniendo la calma y centrándose, reiterando la necesidad de expresar los propios sentimientos e intentando comprender la perspectiva de la otra persona.

En algunas ocasiones, he tenido que mantener la calma ante reacciones negativas de familiares. He aprendido que estas reacciones suelen tener su origen en problemas no resueltos o malentendidos pasados. Abordar estas situaciones con compasión y determinación puede ayudar a resolverlas gradualmente, mejorando la dinámica familiar a largo plazo.

La capacidad de expresar los propios sentimientos de manera asertiva es una habilidad valiosa en las relaciones familiares. Al seguir desarrollando y practicando estas técnicas, las familias pueden construir un entorno de mayor comprensión, respeto y amor mutuo. En el resto de este capítulo, exploraremos otras estrategias para abordar y resolver los problemas de comunicación dentro de la familia, haciendo que cada interacción sea más significativa y satisfactoria.

Escuchar y comprender

En las relaciones familiares, la comunicación va más allá de la mera transmisión de información; es fundamental para alimentar los vínculos, resolver conflictos y construir un entorno familiar armonioso. Este capítulo está dedicado a explorar cómo puede aplicarse eficazmente la asertividad dentro de la dinámica familiar, promoviendo una comunicación que no sólo transmita pensamientos e ideas, sino que también establezca la comprensión y la empatía entre los miembros de la familia.

Fundamentos de la escucha empática

Escuchar es una de las habilidades comunicativas más poderosas dentro de la familia. No se trata sólo de escuchar con los oídos, sino también de comprender con el corazón. La escucha empática implica sumergirse por completo en las experiencias de otros miembros de la familia, tratando de comprender sus sentimientos y perspectivas sin juzgar de inmediato.

En mi propia vida familiar, he descubierto que dedicar tiempo a comprender de verdad los puntos de vista de mis hijos o de mi pareja, sin interrumpir ni formular respuestas prematuras, ha mejorado mucho nuestra comunicación. Este enfoque no sólo ha reforzado nuestro vínculo, sino que también nos ha enseñado a todos el valor de la empatía y la paciencia.

Técnicas para mejorar la escucha activa

Para mejorar la escucha activa en la familia, es útil adoptar técnicas como mantener el contacto visual, asentir con la cabeza para mostrar comprensión y repetir lo que se ha dicho para confirmar que se ha entendido. Estas acciones comunican al interlocutor que sus sentimientos y pensamientos son válidos e importantes.

He observado que, durante los debates, cuando cada uno de nosotros hace un esfuerzo por parafrasear lo que han dicho los demás, la calidad del diálogo mejora enormemente. Esto no sólo ayuda a aclarar cualquier malentendido, sino que también demuestra un compromiso activo con la escucha y el entendimiento mutuo.

Crear un entorno que fomente la escucha

Para facilitar la escucha y la comprensión efectivas, es esencial crear un entorno que reduzca las distracciones y fomente la serenidad. Esto puede incluir el establecimiento de normas como apagar los dispositivos electrónicos durante las comidas o las reuniones familiares y garantizar que cada miembro disponga de un espacio seguro y respetado para expresarse.

Al aplicar estas prácticas en mi hogar, pude transformar momentos que podrían haber sido estresantes y confusos en oportunidades para la conexión y la comprensión profunda. Ha quedado claro que cuando todos se sienten escuchados, la armonía familiar se beneficia enormemente.

Responder con sensibilidad y conciencia

Por último, la capacidad de responder con sensibilidad y eficacia es tan importante como saber escuchar. Esto significa no sólo escuchar lo que se dice, sino también ser conscientes de cómo respondemos. Las respuestas deben ser ponderadas y respetuosas, siempre con la intención de fortalecer la relación en lugar de simplemente "ganar" una discusión.

Una vez, ante un desacuerdo con mi hermano, opté por responder con palabras que reconocieran sus sentimientos en lugar de las que imponían mi punto de vista. Esto allanó el camino para una resolución de conflictos que respetó las emociones de ambos y mejoró nuestra capacidad para manejar futuros desacuerdos.

Al incorporar estos principios de escucha y comprensión, las familias no sólo pueden hacer frente a los retos de comunicación, sino también construir una base de respeto y afecto que perdure. Más adelante, exploraremos otros aspectos de la asertividad en las relaciones familiares, garantizando que cada miembro de la familia pueda sentirse valorado y comprendido.

Gestión de conflictos

Gestionar los conflictos familiares requiere sensibilidad, comprensión y, sobre todo, técnicas de comunicación asertivas. Esta sección explora cómo abordar y resolver los conflictos familiares de forma que se refuercen los vínculos en lugar de debilitarlos. Mediante un enfoque constructivo y respetuoso, es posible convertir los desacuerdos en oportunidades para mejorar la dinámica familiar y profundizar en el entendimiento mutuo.

Resolución de conflictos familiares

El primer paso para resolver cualquier conflicto familiar es reconocer su existencia y aceptar que los desacuerdos son normales y a veces necesarios para el cambio y el crecimiento personal y colectivo. Negar la existencia de un problema o evitarlo sólo puede hacer que fermente y se agrave con el tiempo.

Personalmente, he aprendido que abordar los conflictos en cuanto surgen evita su escalada y facilita una resolución más rápida. Por ejemplo, cuando noté tensiones entre mis hijos, les animé a expresar abiertamente sus sentimientos y preocupaciones, sentando así las bases para una discusión honesta y abierta.

Crear un entorno seguro para el debate

Un entorno seguro y propicio es crucial para la resolución eficaz de conflictos. Esto significa garantizar que cada miembro de la familia se sienta escuchado y respetado durante la discusión, sin miedo a ser juzgado o a sufrir represalias. Crear estas condiciones puede incluir el establecimiento de reglas básicas como el respeto mutuo y no interrumpir mientras alguien está hablando.

En las reuniones familiares, siempre he insistido en la importancia de mantener un tono de voz tranquilo y utilizar un lenguaje que no sea acusatorio. Esto ha ayudado a todos los miembros de la familia a sentirse más cómodos compartiendo abiertamente sus pensamientos y sentimientos.

Utilizar técnicas de comunicación asertiva

El uso de técnicas de comunicación asertiva puede facilitar enormemente la resolución de conflictos. Esto incluye expresar las propias necesidades y sentimientos de forma clara y respetuosa utilizando "mensajes yo", escuchar activamente sin interrumpir y buscar soluciones que tengan en cuenta las necesidades de todos.

Una técnica que me ha resultado especialmente útil es el "reflejo en el espejo", en el que cada participante repite lo que ha oído del otro antes de responder. Esto no sólo garantiza que haya una comprensión clara, sino que también demuestra un compromiso con la escucha y el respeto mutuos.

Trabajar para encontrar soluciones comunes

Por último, el éxito en la resolución de conflictos familiares depende a menudo de la capacidad de negociar y encontrar soluciones compartidas que respeten las necesidades de todos. Esto puede requerir flexibilidad y creatividad a la hora de encontrar compromisos y buscar alternativas que quizá no se habían considerado inicialmente.

En varias ocasiones, he animado a mi familia a ver el conflicto como un rompecabezas que tenemos que resolver entre todos. Esto cambió la percepción de oposición por la de colaboración, dando lugar a soluciones innovadoras que satisfacían a todos los miembros de la familia.

La gestión asertiva de los conflictos familiares no sólo ayuda a resolver los problemas actuales, sino que también refuerza las habilidades comunicativas de todos los miembros de la familia, haciéndoles más capaces de afrontar futuros retos de forma constructiva.

Establecer límites

Gestionar los conflictos en el seno de la familia requiere no sólo amor y paciencia, sino también estrategias de comunicación claras y la capacidad de establecer límites sanos. Este capítulo explora cómo puede utilizarse la asertividad para afrontar eficazmente los conflictos, mejorando la dinámica familiar y contribuyendo a un entorno doméstico más equilibrado y pacífico.

La importancia de unos límites claros

Establecer límites claros es crucial en cualquier relación, pero lo es especialmente en la dinámica familiar, donde las interacciones cotidianas pueden desdibujar fácilmente los límites personales. Unos límites claros ayudan a cada miembro de la familia a entender lo que es aceptable y lo que no, evitando así malentendidos y resentimientos.

En mi experiencia personal, el hecho de definir explícitamente los límites ha ayudado a evitar numerosos conflictos. Por ejemplo, he aprendido que establecer momentos concretos en los que estoy disponible para tratar asuntos familiares ha reducido enormemente el estrés, permitiendo que todos respeten mis tiempos de trabajo y descanso sin sentirse desatendidos.

Técnicas para establecer límites eficaces

Para establecer límites efectivos, es esencial comunicarlos de forma clara y asertiva. Esto puede incluir discutir las expectativas específicas en relación con la intimidad, el espacio personal o las responsabilidades domésticas. Es importante ser firme pero justo, expresando las propias necesidades sin juzgar el comportamiento de los demás.

Durante una sesión de asesoramiento con una familia, guié a los padres en la formulación y comunicación de límites en torno al uso de la tecnología en casa. Hablamos de cómo expresar estas normas de forma que los niños las percibieran como justas y necesarias, y no como restricciones punitivas.

Gestión de las reacciones a los límites establecidos

Los límites no siempre son bien recibidos por todos los miembros de la familia. Algunos pueden sentirse restringidos o descontentos. Es crucial mantener la calma y estar abierto al diálogo, escuchando las preocupaciones y explicando las razones de la necesidad de estos límites.

He vivido situaciones en las que mis decisiones no fueron bien aceptadas al principio. Manteniendo la calma y explicando mis razones, poco a poco pude convencer a otros miembros de la familia de la importancia de estos límites para el bienestar colectivo.

Renegociar los límites a lo largo del tiempo

Es posible que los límites deban ajustarse con el tiempo, en función de la evolución de la dinámica familiar y de las etapas de la vida. Es saludable revisar periódicamente los límites establecidos para asegurarse de que siguen siendo pertinentes y respetuosos con las necesidades de todos.

En una ocasión, tuve que revisar los límites de las tareas domésticas a medida que mis hijos crecían. Esto supuso un debate familiar en el que evaluamos lo que funcionaba y lo que no, e hicimos los cambios necesarios para que la carga de trabajo se repartiera equitativamente.

La capacidad de establecer y mantener unos límites claros y respetuosos es un componente esencial para gestionar los conflictos familiares. Estos límites no sólo protegen la integridad individual y fomentan el respeto mutuo, sino que también crean un entorno familiar en el que todos se sienten seguros y valorados.

Test: Asertividad en las relaciones familiares

Instrucciones: Complete el siguiente test eligiendo la opción que mejor describa su respuesta típica en las interacciones con los miembros de su familia. Este test está diseñado para ayudarle a reflexionar sobre su capacidad para gestionar conflictos y aplicar la asertividad en las relaciones familiares. Sus respuestas pueden proporcionarle información sobre sus puntos fuertes y los aspectos que necesita mejorar.

1) Cuando surge un conflicto por un problema familiar, ¿cómo sueles reaccionar?

A) Abordo inmediatamente el problema tratando de imponer mi solución.

B) Intento comprender las diferentes perspectivas y guiar la discusión hacia una solución compartida.

C) Evito hablar de ello con la esperanza de que se resuelva por sí solo.

D) Acepto la solución de otro miembro de la familia para evitar la confrontación.

2) ¿Cómo actúa cuando un miembro de la familia expresa la necesidad de establecer nuevos límites, como más intimidad?

A) Me opongo, porque prefiero las normas tal y como están.

B) Escucho atentamente y discuto formas de respetar sus necesidades manteniendo la armonía.

C) Hago caso omiso de su petición y continúo como si nada.

D) Acepto inmediatamente sus peticiones para evitar conflictos.

3) Si crees que los límites establecidos ya no son apropiados, ¿cómo afrontas la situación?

A) Impongo una revisión de límites sin consultar a los demás.

B) Propongo una discusión familiar para revisar juntos los límites.

C) Mantengo silencio para no perturbar el equilibrio familiar actual.

D) Cumplo los deseos de los demás, aunque no esté de acuerdo.

4) ¿Cómo afronta un desacuerdo importante entre miembros de una familia?

A) Elijo un bando y apoyo esa posición.

B) Hago de mediador, intentando ayudar a las partes a llegar a un compromiso.

C) Me retiro del conflicto para evitar el estrés.

D) Intento calmar a todo el mundo diciendo que no es importante.

5) Cuando un miembro de tu familia expresa sentimientos de frustración o decepción hacia ti, ¿cómo respondes?

A) Me defiendo y justifico mi comportamiento.

B) Escucho atentamente, expreso comprensión y discuto cómo podemos mejorar la situación.

C) Cambio de tema para aligerar el ambiente.

D) Acepto las críticas sin discutir, aunque no esté de acuerdo.

Análisis de los resultados

Si obtienes una mayoría de respuestas A:

Su estilo de comunicación puede percibirse como dominante, con el riesgo de abrumar o intimidar a otros miembros de su familia. Aunque la asertividad es una cualidad valiosa, es crucial que esté equilibrada con la sensibilidad hacia las opiniones y sentimientos de los demás. Considere la posibilidad de escuchar más activamente y animar a los demás a expresarse sin miedo a sentirse abrumados. Puede que al moderar su asertividad, facilite un entorno familiar más abierto y acogedor en el que todos se sientan libres de compartir y contribuir.

Si has obtenido una mayoría de respuestas B:

Mostrar un excelente equilibrio entre asertividad y empatía indica que posee una gran capacidad para mantener relaciones sanas y constructivas en el seno de su familia. Estas cualidades son esenciales para una comunicación eficaz que no sólo resuelva los conflictos, sino que también refuerce los lazos familiares. Siga cultivando estas habilidades mediante la práctica constante de la escucha activa y el apoyo emocional, garantizando que su familia siga siendo un entorno seguro y de apoyo para todos sus miembros.

Si has obtenido una mayoría de respuestas C:

La tendencia a evitar la confrontación puede parecer una estrategia para mantener la paz, pero a menudo deja cuestiones importantes sin resolver que pueden fomentar resentimientos soterrados. Es importante desarrollar la capacidad de afrontar los conflictos de forma abierta y constructiva. Considera la posibilidad de adoptar técnicas como la negociación y la mediación para ayudarte a gestionar los desacuerdos con mayor eficacia. Aprender a enfrentarse directamente pero con respeto puede convertir las posibles tensiones en oportunidades de crecimiento y comprensión mutua.

Si obtienes una mayoría de respuestas D:

Su carácter complaciente y su tendencia a evitar los conflictos pueden ser cualidades positivas, pero es crucial que sus necesidades y opiniones también se expresen con claridad. Si deja de lado sus necesidades con demasiada frecuencia, corre el riesgo de sentirse insatisfecho o desatendido. Explore formas de expresar sus pensamientos respetuosa pero claramente, asegurándose de que su voz sea escuchada. Esto no sólo mejorará su satisfacción personal, sino también la calidad de las relaciones familiares, creando un entorno más equilibrado y de respeto mutuo.

Conclusión:

Este test es una valiosa herramienta para reflexionar sobre cómo gestionas la comunicación y los conflictos en tu familia. Utilícelo con regularidad para supervisar sus progresos e identificar las áreas en las que podría mejorar aún más. Con un compromiso continuo para mejorar su comunicación, puede contribuir significativamente al bienestar general de su familia.

Preguntas de reflexión para el capítulo 4: La asertividad en las relaciones familiares

El capítulo 4 del libro se dedica al arte de la comunicación asertiva en la familia, examinando cómo expresar los sentimientos con eficacia, escuchar con comprensión, gestionar los conflictos y establecer límites claros. Estas habilidades son fundamentales para mantener un entorno familiar armonioso y pacífico. Las preguntas de reflexión que aparecen al final de este capítulo están pensadas para ayudarle a reflexionar sobre sus interacciones familiares y a poner en práctica las habilidades de comunicación asertiva que ha aprendido.

Cómo utilizar las preguntas de reflexión

Momentos de reflexión individual:

Dedica regularmente tiempo a reflexionar sobre estas preguntas, preferiblemente en un entorno tranquilo. Anotar tus respuestas puede ayudarte a procesar tus pensamientos y observar tus progresos a lo largo del tiempo.

Diálogo familiar:

Estas preguntas también pueden servir para iniciar conversaciones abiertas y constructivas con los miembros de su familia. Compartir sus ideas puede ayudar a mejorar la comprensión mutua y a resolver juntos los problemas familiares.

Evaluación continuada:

Revise sus respuestas periódicamente, sobre todo después de afrontar situaciones familiares importantes. Esto te permitirá evaluar la eficacia de tus estrategias de comunicación y hacer los ajustes necesarios.

Aplicación práctica:

Intente aplicar las técnicas de comunicación asertiva que se han tratado en este capítulo en sus interacciones diarias con los miembros de su familia. Cualquier situación puede convertirse en una oportunidad para practicar y mejorar.

Expresar sentimientos:

Reflexiona sobre cómo sueles expresar tus sentimientos a los miembros de tu familia. ¿Te resulta fácil o difícil compartir tus emociones? ¿Qué técnicas podrías utilizar para mejorar en este aspecto?

¿Cuál fue una situación reciente en la que sintió que su familia comprendía bien sus sentimientos? ¿Qué contribuyó a esta comprensión?

Escuchar y comprender:

Cuando un miembro de tu familia habla de sus sentimientos, ¿cómo reaccionas? ¿Sueles interrumpir o dar por sentado lo que dicen?

¿Qué medidas podrías tomar para mejorar tu capacidad de escucha activa dentro de la unidad familiar?

Resolución de conflictos familiares:

Pensando en el último conflicto que tuviste en tu familia, ¿cómo lo gestionaste? ¿Qué estrategias de comunicación asertiva utilizaste y cuáles podrías poner en práctica en el futuro?

¿Cuáles fueron los principales obstáculos a la hora de afrontar y resolver conflictos en tu familia?

Establecer límites:

¿Qué límites has establecido con los miembros de tu familia? ¿Se respetan estos límites? Si no es así, ¿qué medidas podrías tomar para reforzarlos?

¿Cómo reaccionas cuando se ignoran o violan tus límites? ¿Qué métodos asertivos podrías utilizar para manejar estas situaciones?

Evaluación de las capacidades de comunicación:

Reflexiona sobre los resultados del cuestionario de autoevaluación: ¿qué habilidades de comunicación familiar identificaste como puntos fuertes y cuáles como áreas de mejora?

¿Qué medidas concretas piensa tomar para mejorar los puntos débiles detectados en la prueba?

Estas preguntas están pensadas para animarle a examinar y mejorar sus interacciones familiares mediante una comunicación más asertiva. Utilizarlas como herramienta de reflexión te ayudará a construir unas relaciones familiares más sólidas, respetuosas y comprensivas.

CAPÍTULO 5: LA ASERTIVIDAD EN LAS RELACIONES DE AMISTAD

Comunicación con los amigos

Las relaciones de amistad, como las familiares o amorosas, requieren una cuidadosa navegación comunicativa. La asertividad, la transparencia y el respeto son pilares fundamentales que sustentan amistades duraderas y mutuamente satisfactorias. En este capítulo, exploraremos cómo puede aplicarse la asertividad para expresar eficazmente las propias necesidades y deseos a los amigos, fomentando así unas relaciones más profundas y comprensivas.

Expresar las propias necesidades

Expresar claramente las propias necesidades a los amigos es crucial para mantener unas relaciones sanas y equilibradas. A menudo, los malentendidos o las frustraciones surgen de una comunicación ambigua o de la suposición de que los demás saben lo que queremos sin que lo digamos explícitamente. Ser directo y transparente sobre los propios deseos y expectativas no sólo evita malentendidos, sino que refuerza la confianza y el respeto mutuo.

Personalmente, he aprendido que ser franca sobre mis necesidades ha transformado mis amistades. Por ejemplo, al explicar abiertamente a mis amigos que necesito tiempo a solas después del trabajo para descomprimirme, he evitado situaciones en las que se sentían ignorados o rechazados, dejando claro que esta necesidad no tiene nada que ver con ellos personalmente.

Utilizar "mensajes yo" para expresar necesidades

Para expresar las propias necesidades de forma asertiva y no agresiva, el uso de los "mensajes yo" es extremadamente eficaz. Estos mensajes centran la conversación en los propios sentimientos y percepciones, sin acusar ni criticar al otro. Por ejemplo, decir "Me siento abrumado cuando no hemos planificado nuestras reuniones con antelación" es más constructivo que "Nunca respetas mi tiempo".

Descubrí que el uso de "mensajes yo" durante las conversaciones con amigos daba lugar a respuestas más empáticas y a una mayor disposición a comprender y respetar mis necesidades, sin que nadie se sintiera atacado o a la defensiva.

Establecer límites claros

Expresar las propias necesidades incluye establecer límites claros. Estos límites no sólo protegen nuestro espacio emocional y físico, sino que también permiten a los demás saber cómo interactuar con nosotros de forma adecuada y respetuosa.

Por ejemplo, he establecido con algunos amigos que no hablamos de temas que sabemos que son especialmente delicados a menos que ambos estemos dispuestos y seamos capaces de tratarlos con respeto. Este acuerdo nos ha ayudado a mantener una relación sólida y a evitar conflictos innecesarios.

Ser receptivo a los comentarios

Si bien es importante expresar las propias necesidades, es igualmente crucial estar abierto a la opinión de los amigos sobre cómo afectan nuestras necesidades a la relación. Este intercambio bidireccional no sólo mejora la comprensión mutua, sino que también permite ajustar las expectativas y modular el propio comportamiento en caso necesario.

La capacidad de expresar eficazmente las propias necesidades es fundamental en todas las relaciones, pero en el ámbito de la amistad, donde los vínculos pueden ser menos claros que en las relaciones familiares o románticas, resulta esencial mantener conexiones significativas y mutuamente gratificantes.

Ofrecer apoyo

Las amistades enriquecen nuestras vidas, ofreciéndonos apoyo, alegría y comprensión mutua. Un componente clave de estas relaciones es la capacidad de ofrecer apoyo de forma eficaz y sensible. En esta sección, nos centraremos en cómo la asertividad puede guiar la dinámica de apoyo dentro de las amistades, garantizando que se da y se recibe de forma sana y equilibrada.

Comprender la necesidad de apoyo

Ofrecer apoyo requiere comprender en profundidad por lo que está pasando tu amigo y cuáles son sus necesidades en ese momento. No se trata solo de dar consejos, sino de escuchar, estar presente y mostrar empatía.

Recuerdo una ocasión en la que un amigo cercano estaba pasando por un momento difícil debido a una pérdida familiar. En lugar de intentar levantarle el ánimo u ofrecerle soluciones rápidas, opté por escucharle y dejar que expresara su dolor. Este enfoque fortaleció nuestra amistad, haciéndole ver que yo estaba a su lado incondicionalmente.

Técnicas asertivas para ofrecer apoyo

Utilizar un enfoque asertivo para ofrecer apoyo significa expresar tu disponibilidad y preocupación sin invadir el espacio personal de la otra persona ni tomar el control de la situación. Puedes hacerlo diciendo claramente que estás disponible para escuchar cuando la otra persona esté dispuesta a hablar, u ofreciéndole una ayuda específica que crees que podría serle útil, pidiendo siempre confirmación de que es bienvenida.

He aprendido que preguntar: "¿Cómo puedo apoyarte mejor en este momento?" es una forma eficaz de mostrar tanto apoyo como respeto por su capacidad de guiar su propio cuidado emocional. Esta pregunta abre un espacio de diálogo que permite al amigo expresar sus necesidades sin sentirse abrumado u obligado.

Establecer límites en el apoyo

Incluso en el contexto del apoyo, es crucial establecer límites saludables. Esto implica reconocer cuándo tu ayuda puede resultar demasiado invasiva o cuándo puedes necesitar un descanso para cuidar de ti mismo.

En algunas ocasiones, he tenido que recordar amablemente a mis amigos que, aunque les apoyo incondicionalmente, también necesito tiempo para mí. Establecer estos límites no sólo ha preservado mi energía, sino que también ha mantenido nuestra amistad sobre una base más sostenible y de respeto mutuo.

La escucha activa como forma de apoyo

La escucha activa es una de las formas más poderosas de apoyo. Significa prestar toda la atención a lo que dice tu amigo, reflexionar sobre sus sentimientos y reconocer su experiencia sin juzgarla. Este tipo de apoyo puede hacer mucho más que cualquier consejo, porque permite a la persona sentirse realmente vista y comprendida.

Una vez, mientras un amigo me hablaba de sus retos laborales, me limité a escuchar y a hacerme eco de sus sentimientos, lo que le permitió llegar a sus propias conclusiones sobre cómo proceder. Esta experiencia me enseñó que a menudo lo más útil que podemos hacer es simplemente estar presentes y atentos.

En conclusión, ofrecer apoyo dentro de las amistades es un delicado equilibrio entre estar disponible y mantener los propios límites. Esta habilidad para navegar por el arte del apoyo con asertividad no sólo mejora la calidad de nuestras amistades, sino que enriquece toda nuestra experiencia vital.

Gestión de conflictos

Los conflictos y desacuerdos son inevitables en cualquier tipo de relación, incluida la amistad. Sin embargo, la forma de abordarlos puede definir la duración y la calidad de la propia relación. En esta sección, exploraremos cómo la asertividad puede ser una herramienta valiosa para abordar y resolver los desacuerdos entre amigos, promoviendo una comunicación abierta y honesta que no sólo resuelva los conflictos, sino que también fortalezca el vínculo.

Resolución de desacuerdos

El primer paso para resolver cualquier desacuerdo es reconocerlo y aceptarlo como parte natural de la amistad. Es importante enfocar el desacuerdo no como un obstáculo que hay que superar urgentemente, sino como una oportunidad para profundizar en el entendimiento mutuo y reforzar el vínculo.

Por mi experiencia, he aprendido que afrontar los desacuerdos abiertamente y sin prejuicios al principio puede evitar malentendidos más graves en el futuro. Recuerdo una situación en la que tuve que discutir un malentendido sobre un proyecto compartido con un amigo; hablando abiertamente del tema, pudimos aclarar nuestras perspectivas y encontrar una solución que nos satisfizo a ambos.

Utilizar técnicas de comunicación asertiva

La comunicación asertiva es esencial para resolver eficazmente los desacuerdos. Esto incluye expresar los propios pensamientos y sentimientos de forma clara y respetuosa, utilizando mensajes "yo" para evitar culpar o atacar al otro. También es importante escuchar activamente e intentar comprender el punto de vista de la otra persona sin interrumpirla.

Una técnica que me parece especialmente útil es la paráfrasis, que consiste en repetir con las propias palabras lo que ha dicho la otra persona para asegurarse de que se ha entendido correctamente. Esto no sólo demuestra respeto por el punto de vista de la otra persona, sino que también ayuda a evitar más malentendidos.

Buscar soluciones compartidas

Una vez aclarados los distintos puntos de vista, el siguiente paso es buscar una solución que pueda satisfacer a ambos. Esto puede requerir flexibilidad y apertura al compromiso. Discutir varias opciones y trabajar juntos para encontrar una solución compartida no sólo resuelve el desacuerdo, sino que refuerza la confianza mutua y la solidaridad entre amigos.

Un ejemplo práctico de este enfoque es cuando trabajé con un amigo para planificar un viaje. Aunque al principio teníamos preferencias diferentes, al hablar abiertamente y tener en cuenta las necesidades del otro, encontramos un destino que a los dos nos entusiasmaba visitar.

Mantener el respeto y la positividad

Por último, es crucial mantener una actitud de respeto y positividad durante todo el proceso de resolución del desacuerdo. Evitar el sarcasmo, la crítica y la negatividad no sólo facilita una resolución más rápida, sino que preserva la integridad y la calidad de la amistad.

Al incorporar estas estrategias, los desacuerdos no sólo pueden resolverse eficazmente, sino que pueden convertirse en puentes hacia vínculos más profundos y significativos. A medida que avance el capítulo, exploraremos otros métodos y técnicas para gestionar los conflictos y fortalecer las relaciones de amistad mediante una comunicación asertiva y compasiva.

Fortalecer las amistades

Aunque la gestión de conflictos es crucial para mantener relaciones sanas, igual de importante es fortalecer y profundizar los lazos de amistad mediante una comunicación asertiva y eficaz. Ahora nos centraremos en cómo utilizar la asertividad no sólo para resolver desacuerdos, sino también para fortalecer y enriquecer las amistades existentes.

Comunicación abierta y sincera

Uno de los pilares fundamentales para fortalecer cualquier amistad es mantener un flujo de comunicación abierto y honesto. Esto significa compartir no sólo pensamientos y opiniones, sino también sentimientos y vulnerabilidades. La franqueza crea un entorno de confianza mutua, en el que cada amigo se siente valorado y comprendido.

Por experiencia personal, me he dado cuenta de que cuando he tenido el valor de mostrarme vulnerable con mis amigos, expresándoles mis dudas o temores, la profundidad y la calidad de nuestras interacciones han mejorado mucho. Por ejemplo, compartir mis inseguridades profesionales con un amigo abrió la puerta a discusiones que enriquecieron nuestra comprensión y apoyo mutuos.

Apoyo mutuo e incondicional

Otro aspecto clave para fortalecer las amistades es ofrecer y recibir apoyo incondicionalmente. Esto significa estar ahí para los amigos en momentos de necesidad, pero también celebrar juntos los éxitos. La asertividad desempeña un papel clave para garantizar que este apoyo sea equilibrado y que ninguna de las partes se sienta sobrecargada o desatendida.

Recuerdo una vez que un amigo estaba pasando por un momento difícil tras la ruptura de una relación. Estar asertivamente presente para él, ofreciéndole escucha y apoyo sin asfixiarle con consejos no solicitados, fortaleció nuestra amistad y demostró que podíamos contar el uno con el otro en los momentos críticos.

Celebrar las diferencias

Fortalecer la amistad también significa celebrar las diferencias entre los dos. Aceptar y valorar la singularidad de cada uno puede enriquecer la relación, aportando nuevas perspectivas y experiencias. La asertividad ayuda a expresar el aprecio por estas diferencias de forma respetuosa y constructiva.

He aprendido que abrazar las pasiones únicas de mis amigos, incluso cuando no coinciden con mis propios intereses, ha supuesto un enriquecimiento mutuo y ha ampliado nuestros horizontes personales y colectivos, como cuando asistí a un evento de arte moderno por sugerencia de un amigo, descubriendo un nuevo aprecio por una forma de arte que inicialmente no me interesaba.

Resolución constructiva de conflictos

Por último, reforzar la amistad mediante la resolución constructiva de conflictos implica utilizar la asertividad para abordar y resolver los desacuerdos de modo que ambas partes se sientan escuchadas y respetadas. Para ello es necesario saber escuchar activamente, negociar de forma justa y encontrar soluciones que respeten las necesidades de ambos.

Un ejemplo práctico de este enfoque es cuando medié en un desacuerdo entre dos amigos íntimos. Al guiarles a través de un diálogo abierto y honesto, pudieron comprender mejor las perspectivas del otro y encontrar una solución que reforzó aún más su vínculo.

A través de estas estrategias, es posible no sólo mantener sino también intensificar las relaciones de amistad, construyendo vínculos que sean a la vez resistentes y enriquecedores. A lo largo del capítulo exploraremos otros aspectos de la amistad que pueden beneficiarse de un enfoque comunicativo asertivo y afectuoso.

Test: Asertividad en las relaciones de amistad

Instrucciones: Completa el siguiente test eligiendo la opción que mejor describa tu respuesta típica en las interacciones con tus amigos. Este test está diseñado para ayudarte a reflexionar sobre tu capacidad para gestionar conflictos, expresar tus necesidades y apoyar a tus amigos de forma asertiva y respetuosa. Tus respuestas pueden ofrecerte ideas sobre los puntos fuertes y los aspectos que puedes necesitar mejorar.

Cuestionario de autoevaluación

1) Cuando tienes un desacuerdo con un amigo, ¿cómo sueles reaccionar?

A) Abordo el problema sin rodeos, expresando abiertamente mi opinión.

B) Escucho atentamente su punto de vista antes de expresar el mío.

C) Evito la confrontación, esperando que el problema se resuelva por sí solo.

D) Acepto su opinión para mantener la paz, aunque no esté de acuerdo.

2) ¿Cómo actúas cuando un amigo te pide apoyo en un momento difícil?

A) Ofrezco consejo, aunque no me lo hayan pedido.

B) Escucho y pregunto cómo puedo ayudar.

C) Me siento incómodo y cambio de tema.

D) Hago lo que puedo para distraerles de su problema.

3) Si sientes la necesidad de establecer nuevos límites con tus amigos, ¿cómo procedes?

A) Las comunico de forma clara y directa.

B) Discuto los límites en un contexto de diálogo abierto.

C) Evito el tema porque temo que pueda dañar la amistad.

D) Pongo en práctica los límites sin discutirlos, esperando que lo entiendan.

4) Cuando tu amigo celebra un éxito, ¿cómo reaccionas?

A) Lo celebro con entusiasmo, expresando lo feliz que me siento por él.

B) Le hago un cumplido cortés, pero internamente siento un poco de envidia.

C) Me limitaré a un breve mensaje de felicitación.

D) Ignoro el acontecimiento si me siento inseguro de mis logros.

5) En una discusión, si no estás de acuerdo con el punto de vista de un amigo, ¿cómo mantienes una conversación constructiva?

A) Insisto en mi punto de vista, intentando convencerle.

B) Busco puntos en común y exploro compromisos.

C) Me retiro de la conversación para evitar el conflicto.

D) Acepto su punto de vista para evitar la discusión.

Análisis de los resultados

Si obtienes una mayoría de respuestas A:

Su tendencia a dominar las conversaciones puede ser evidente. Este enfoque, aunque a veces es eficaz, puede suponer el riesgo de abrumar o alejar a tus amigos. Es importante reconocer el valor de la escucha activa y la empatía en las relaciones. Intente equilibrar su inclinación natural a tomar el control con un mayor compromiso para escuchar a los demás. Dedicar tiempo a comprender sus puntos de vista no sólo mejorará la calidad de tus amistades, sino que también te enriquecerá personalmente, permitiéndote ver el mundo desde perspectivas diferentes.

Si has obtenido una mayoría de respuestas B:

Demuestras un equilibrio encomiable entre asertividad y empatía, lo cual es fundamental para mantener relaciones de amistad sanas y constructivas. Tu enfoque te permite expresar tus ideas al tiempo que valoras las de los demás, creando un ambiente de respeto y comprensión mutuos. Sigue cultivando estas habilidades mediante la práctica constante y considera la posibilidad de explorar técnicas de comunicación adicionales que puedan enriquecer aún más tus interacciones.

Si has obtenido una mayoría de respuestas C:

Tu predisposición a evitar la confrontación puede parecer una estrategia para mantener la paz, pero también puede impedir la resolución eficaz de problemas y limitar la profundización de tus amistades. Afrontar los conflictos abiertamente no es fácil, pero a menudo es necesario para resolver tensiones y promover un entendimiento más profundo.
Considera la posibilidad de adoptar estrategias que te permitan expresar

tus pensamientos de forma constructiva, abordando los problemas con valentía y claridad, al tiempo que mantienes la sensibilidad hacia los sentimientos de los demás.

Si obtienes una mayoría de respuestas D:

Su naturaleza complaciente y pacífica es una cualidad valiosa, pero es importante asegurarse de que no conduce a la autosupresión. Expresar tus necesidades y opiniones es vital para mantener relaciones equilibradas y auténticas. Reflexiona sobre cómo puedes hacer valer tus necesidades de forma asertiva, asegurándote de que tu voz sea escuchada. Aprender a expresar tus deseos y límites con respeto y eficacia puede mejorar significativamente la dinámica de tus amistades.

Reflexión final:

Este test es una útil herramienta de reflexión que te ayudará a comprender cómo gestionas la comunicación y los conflictos en tus relaciones de amistad. Utilízalo para evaluar tus progresos e identificar áreas de mejora. Seguir desarrollando una comunicación más asertiva y consciente no sólo puede fortalecer tus relaciones actuales, sino también ayudarte a formar otras nuevas, más ricas y satisfactorias.

Preguntas de reflexión para el capítulo 5: La asertividad en las relaciones de amistad

El capítulo 5 se centra en cómo cultivar y mantener relaciones de amistad saludables y mutuamente satisfactorias mediante el uso de la asertividad. Al abordar temas cruciales como la expresión de las propias necesidades, el apoyo a los amigos, la gestión de los conflictos y el fortalecimiento de las relaciones, este capítulo ofrece herramientas esenciales para navegar por la dinámica de la amistad con respeto y comprensión. Las preguntas de reflexión que se ofrecen ayudan a integrar las lecciones aprendidas y a reflexionar sobre cómo mejorar las propias amistades.

Cómo utilizar las preguntas de reflexión

Reflexión personal:

Dedica regularmente un tiempo a reflexionar sobre estas cuestiones, preferiblemente en un lugar tranquilo donde puedas concentrarte sin interrupciones. Escribir tus respuestas puede ayudarte a procesar tus pensamientos y observar tus progresos.

Conversaciones con amigos:

Utiliza estas preguntas para orientar las conversaciones con tus amigos. Hablar abiertamente de tus patrones de comunicación puede reforzar vuestro entendimiento mutuo y mejorar la calidad de vuestras interacciones.

Revisión periódica:

Revisa tus respuestas periódicamente para evaluar cómo han evolucionado o cambiado con el tiempo tus habilidades de comunicación asertiva en las amistades.

Aplicación práctica:

Intenta aplicar activamente las técnicas aprendidas en situaciones reales. Cada interacción con amigos es una oportunidad para practicar las habilidades de comunicación asertiva.

Expresar las propias necesidades:

Pensando en tus amistades actuales, ¿hay necesidades o deseos que crees que no se satisfacen plenamente? ¿Cómo podrías comunicar esas necesidades de forma más clara y eficaz?

¿Has evitado alguna vez expresar una necesidad por miedo a la reacción de la otra persona? ¿Qué medidas podrías tomar para superar esta indecisión?

Ofrecer apoyo:

Reflexiona sobre cómo ofreces apoyo a tus amigos. ¿Existe un equilibrio entre dar y recibir? ¿Qué podrías hacer para mejorar tu forma de apoyar a los demás?

Recuerda un momento reciente en el que hayas prestado apoyo a un amigo. ¿Cómo determinaste lo que necesitaba? ¿Percibiste alguna señal no verbal?

Resolución de desacuerdos:

Piensa en un desacuerdo reciente con un amigo. ¿Qué técnicas de comunicación asertiva utilizaste para afrontar la situación? ¿Hay algo que podrías haber hecho de otra manera?

¿Cómo gestionas las emociones durante un conflicto? ¿Qué estrategias podrías poner en práctica para mantener la calma y la claridad?

Fortalecer las amistades:

Pensando en tus amistades más sólidas, ¿qué comportamientos o actividades crees que contribuyen más a reforzar esos lazos?

¿Qué medidas podría tomar para reforzar las relaciones existentes o reparar las que se han debilitado?

Evaluación de las capacidades de comunicación:

Después de completar la prueba de autoevaluación, ¿cuáles son los puntos fuertes y los aspectos a mejorar de tus habilidades comunicativas con los amigos?

Basándote en los resultados de la prueba, ¿cuáles son los próximos pasos que piensas dar para mejorar tu asertividad en las relaciones de amistad?

Estas preguntas de reflexión están formuladas para ayudarle a examinar y mejorar sus interacciones de amistad mediante una comunicación más asertiva. Utilizarlas regularmente como parte de tu desarrollo personal te permitirá construir relaciones más sólidas y satisfactorias.

CAPÍTULO 6: ASERTIVIDAD EN LAS RELACIONES SOCIALES

Comunicación con conocidos

Navegar por las relaciones sociales con conocidos, ya sean colegas, compañeros de clase o simples conocidos, requiere un equilibrio único de asertividad y diplomacia. Aunque puede que estas interacciones no tengan la profundidad de las amistades íntimas o los lazos familiares, desempeñan un papel crucial en la formación de una red social más amplia que puede ofrecer oportunidades y apoyo. En este capítulo, exploraremos cómo puede utilizarse la asertividad para establecer conexiones significativas en un contexto social.

Establecer conexiones

En el mundo de las relaciones sociales, la primera impresión suele ser duradera. Presentarse de forma auténtica y asertiva es crucial para establecer conexiones significativas. Esto no solo significa hablar con confianza, sino también ser sincero con uno mismo y con los demás sobre los propios valores e intereses.

Personalmente, he descubierto que ser sincero sobre mis intereses y pasiones a menudo ha atraído a conocidos con afinidades similares, convirtiendo simples interacciones en conexiones más profundas y duraderas. Por ejemplo, compartir abiertamente mi entusiasmo por la fotografía en un acto social dio lugar a una colaboración profesional y a una nueva amistad.

Escucha activa e interés genuino

Un aspecto crucial a la hora de establecer contactos es mostrar un interés genuino por las personas que se conocen. Escuchar activamente no sólo demuestra respeto y aprecio por lo que los demás tienen que decir, sino que también facilita una comprensión más profunda de sus personalidades e intereses.

Practicar la escucha activa en situaciones sociales, como conferencias o encuentros casuales, me ha ayudado a descubrir intereses comunes y a crear vínculos sobre una base sólida. A menudo, las personas se muestran más receptivas y abiertas al diálogo cuando se sienten escuchadas y valoradas.

Comunicación clara y asertiva

En las interacciones con conocidos, es importante comunicarse con claridad y asertividad. Expresar tus pensamientos y sentimientos de forma directa y respetuosa puede evitar malentendidos y mostrar tu confianza como interlocutor.

Una vez, durante una reunión de trabajo, tuve que aclarar mis expectativas sobre un proyecto. Hacerlo de forma asertiva, explicando claramente mis puntos de vista sin imponer, ayudó a establecer un clima de cooperación y respeto mutuo, que dio lugar a excelentes resultados.

Construir relaciones sobre bases sólidas

Por último, establecer conexiones significa construir relaciones sobre una base de confianza y respeto mutuos. Aunque la interacción inicial pueda ser breve, un enfoque respetuoso y considerado puede sentar las bases de futuras interacciones más significativas.

Me he dado cuenta de que incluso gestos sencillos, como recordar detalles de conversaciones anteriores o enviar un mensaje de seguimiento después de una reunión, pueden reforzar las conexiones y mostrar un interés sincero por cultivar la relación.

En conclusión, utilizar la asertividad para establecer conexiones en contextos sociales con conocidos no sólo enriquece tu red social, sino que también te abre las puertas a nuevas oportunidades personales y profesionales. A continuación exploraremos otras estrategias para mantener y reforzar estas conexiones a lo largo del tiempo, garantizando que cada interacción contribuya positivamente a tu crecimiento personal y profesional.

Mantener los contactos

Mantener los contactos es crucial no sólo para el crecimiento profesional, sino también para la satisfacción y el enriquecimiento personal. Seguir la vida de los conocidos de forma activa y con interés demuestra que los valora como personas y que está realmente interesado en su bienestar y su éxito.

Personalmente, siempre he valorado la importancia de enviar un mensaje corto o un correo electrónico pidiendo una actualización o compartiendo algo relevante. Por ejemplo, tras reunirme con un conocido en un gran evento, le envié un artículo relacionado con el tema que habíamos tratado. Este sencillo gesto abrió el camino a nuevos intercambios y fortaleció nuestra relación.

Uso inteligente de las redes sociales

Las redes sociales son una poderosa herramienta para mantener los contactos, ya que permiten estar al día de la vida de los conocidos con poco esfuerzo. Sin embargo, el uso de estas herramientas debe ser meditado y específico para evitar parecer intrusivo o superficial.

He descubierto que comentar o compartir con atención las publicaciones de conocidos puede ser una forma eficaz de mostrar interés sin invadir su intimidad. Estos pequeños gestos de interacción, cuando se hacen con consideración y en el contexto adecuado, pueden estrechar lazos y mantener viva la conexión.

Reuniones periódicas

Para algunas relaciones, especialmente las que podrían tener un impacto significativo en tu crecimiento profesional o personal, puede ser útil programar reuniones periódicas. Ya sea un café cada trimestre o una llamada telefónica periódica, tener una cita regular ayuda a cimentar la relación.

Ser un recurso fiable

Uno de los aspectos más importantes a la hora de mantener contactos es ser visto como un recurso fiable. Ofrecer ayuda cuando sea posible o dar consejos útiles puede marcar una gran diferencia en la percepción que los demás tienen de ti.

Por ejemplo, a menudo he ofrecido mi ayuda a conocidos que buscaban información o contactos en mi campo. Esto no sólo ha reforzado mi red, sino que también ha creado un sentimiento de gratitud y reciprocidad que a menudo se traduce en apoyo cuando lo necesito.

En conclusión, mantener el contacto requiere algo más que un simple intercambio de cortesías; requiere una interacción intencionada y significativa que puede verse facilitada en gran medida por el uso asertivo de las habilidades comunicativas. En el futuro, seguiremos explorando estrategias para construir relaciones sociales que no sólo perduren, sino que se profundicen con el paso del tiempo.

Gestión de conflictos

Incluso en las relaciones sociales más informales, como las que se mantienen con conocidos o compañeros de trabajo, pueden surgir conflictos y desacuerdos. Manejar estos momentos con asertividad no sólo evita malentendidos, sino que también puede convertir las tensiones potenciales en oportunidades para el crecimiento personal y la mejora de las relaciones. Esta parte del capítulo se centra en cómo aplicar la asertividad para resolver los desacuerdos de forma eficaz, manteniendo unas relaciones sociales sanas y productivas.

Resolución de desacuerdos

El primer paso para gestionar eficazmente un conflicto es reconocerlo en cuanto surge. Esto no significa plantear una disputa con cada pequeña irritación, sino ser consciente de cuándo un desacuerdo puede intensificarse y abordarlo antes de que se agrave.

En mi experiencia, he observado que hablar de un problema en cuanto surge, de forma tranquila y reflexiva, puede evitar futuros malentendidos y ahorrar tiempo y energía a largo plazo. Por ejemplo, abordar inmediatamente una pequeña confusión sobre un proyecto compartido con un colega evitó que se convirtiera en un problema mayor, complicando nuestra colaboración.

Uso eficaz de la comunicación asertiva

Utilizar un enfoque comunicativo asertivo es crucial para resolver los desacuerdos. Esto incluye expresar los propios pensamientos y sentimientos de forma clara y respetuosa, utilizando los "mensajes del yo" para hablar desde el propio punto de vista sin acusar ni culpar a los demás.

Por ejemplo, en lugar de decirle a un conocido: "Nos has estropeado el plan", puedes decirle: "Me sentí decepcionado cuando los planes cambiaron en el último momento. Prefiero discutir alternativas antes de tomar decisiones". Esta forma de expresarse reduce la probabilidad de una reacción defensiva y allana el camino para un diálogo constructivo.

Escucha activa y evaluación de compromisos

Escuchar activamente a la otra parte en un conflicto es tan importante como expresar el propio punto de vista. Esto significa prestar toda la atención, evitar las interrupciones e intentar comprender realmente la perspectiva del otro.

Durante una discusión con un conocido sobre un desacuerdo, descubrí que simplemente escuchando sus razones sin interrumpirle, pude entender mejor su postura y juntos encontramos una solución que funcionó para ambos. Esto no sólo resolvió el conflicto, sino que también mejoró nuestra relación.

Mantener las relaciones tras el conflicto

Una vez resuelto un desacuerdo, es importante hacer esfuerzos conscientes por mantener o mejorar la relación. Esto puede incluir gestos de buena voluntad o simplemente seguir interactuando con respeto y cordialidad.

Tras resolver un problema con un conocido, le agradecí su apertura al diálogo y le propuse tomar un café para consolidar nuestro entendimiento mutuo. Estos pequeños pasos pueden reforzar la confianza y demostrar que un conflicto bien gestionado no tiene por qué ser un punto final, sino un paso hacia una relación más sólida.

En conclusión, aplicar la asertividad para resolver desacuerdos con conocidos no sólo ayuda a mantener un entorno social armonioso, sino que también enriquece tu capacidad para navegar en dinámicas interpersonales complejas.

Generar confianza

Construir y mantener la confianza es un aspecto crucial en las relaciones sociales, especialmente a la hora de afrontar conflictos. La confianza no sólo facilita una resolución de conflictos más eficaz, sino que también refuerza los vínculos a largo plazo entre las personas. En esta sección, exploraremos estrategias asertivas para construir y mantener la confianza incluso en situaciones de desacuerdo, haciendo hincapié en la importancia de un enfoque comunicativo honesto y respetuoso.

Honradez y transparencia

La base de cualquier relación de confianza es la honestidad. Ser transparente sobre sus pensamientos, sentimientos y expectativas no sólo aclara su posición, sino que también muestra respeto por la otra persona. Este enfoque abierto es especialmente importante a la hora de gestionar conflictos, ya que evita malentendidos y demuestra que eres sincero en tus interacciones.

En mi experiencia personal, descubrí que ser sincera sobre mis limitaciones o preocupaciones en un proyecto compartido conducía a una mayor comprensión y apoyo por parte de los conocidos, reforzando la confianza mutua. Por ejemplo, compartir abiertamente mis preocupaciones sobre una tarea concreta permitió a mis compañeros ofrecer su ayuda, demostrando que podíamos confiar los unos en los otros.

Coherencia y fiabilidad

La coherencia en el comportamiento es otro de los pilares de la confianza. Esto significa mantener las promesas y cumplir las expectativas de forma predecible. Cuando la gente sabe qué esperar de usted, es más probable que confíe en sus acciones y palabras.

Siempre he hecho todo lo posible por ser puntual y cumplir los plazos, especialmente en contextos profesionales. Esta constancia me ha ayudado a labrarme una reputación de fiabilidad, que ha sido decisiva para establecer relaciones duraderas y de confianza con conocidos y colegas.

Escucha activa y empatía

Escuchar es un componente clave para generar confianza. Prestar verdadera atención a lo que la otra persona tiene que decir, especialmente durante un conflicto, puede transformar por completo el resultado de la situación. Escuchar activamente y responder con empatía indica que valoras a la otra persona y sus sentimientos.

Practicar la escucha activa en cada conversación reforzó la confianza entre mis conocidos y yo. Esto incluía repetir lo que decían para asegurarme de que lo entendía correctamente y responder de forma que reflejara que comprendía sus preocupaciones.

Gestión constructiva de conflictos

Por último, gestionar los conflictos de forma constructiva es esencial para mantener y fomentar la confianza. Esto significa tratar los desacuerdos de forma abierta y respetuosa, buscando soluciones que respeten los intereses de ambas partes.

En una ocasión, un desacuerdo sobre un proyecto amenazó con dañar una relación profesional. En lugar de dejar que la situación se agravara, propuse una reunión cara a cara para discutir nuestras diferencias. Esta reunión no solo resolvió el conflicto, sino que mejoró nuestra relación laboral, demostrando que ambos estábamos comprometidos a encontrar una solución justa.

A través de estas prácticas, no sólo podrás gestionar eficazmente los conflictos, sino también construir una base de confianza que mejore todas tus relaciones sociales. En el resto del capítulo, seguiremos explorando otras estrategias para consolidar la confianza y mejorar la comunicación en todos los aspectos de tus interacciones sociales.

Test: Asertividad en las relaciones sociales

Instrucciones: Completa el siguiente test eligiendo la opción que mejor describa tu respuesta típica en las interacciones sociales, especialmente a la hora de afrontar conflictos o mantener el contacto. Este test está diseñado para ayudarle a reflexionar sobre su capacidad para comunicarse eficazmente y mantener relaciones sociales saludables mediante el uso de la asertividad. Sus respuestas pueden ofrecerle información sobre sus puntos fuertes y los aspectos que necesita mejorar.

1) Cuando surgen desacuerdos en situaciones sociales, ¿cómo reaccionas?

A) Abordo inmediatamente el problema para aclararlo.

B) Intento comprender el punto de vista de la otra persona antes de expresar el mío.

C) Tiendo a retirarme o ignorar el problema con la esperanza de que se resuelva por sí solo.

D) A menudo cedo para mantener la paz, aunque no esté de acuerdo.

2) ¿Con qué frecuencia sigues a personas que conoces en contextos sociales?

R) Rara vez me pongo en contacto con ellos, sólo si necesito algo.

B) Mantengo un contacto regular, intentando mostrar un interés genuino por sus vidas.

C) A menudo me olvido de hacer un seguimiento de la gente después de la primera reunión.

D) Me preocupa que el contacto pueda considerarse intrusivo, por lo que tiendo a no hacerlo.

3) ¿Cómo gestionas la necesidad de establecer o revisar límites en tus relaciones sociales?

A) Soy directa y clara, expongo mis límites sin vacilar.

B) Discuto abiertamente los límites, intentando llegar a un acuerdo que respete las necesidades de todos.

C) Evito hablar de fronteras porque me preocupa que pueda crear tensiones.

D) Acepto los límites impuestos por los demás aunque me sienta incómodo.

4) Si un conocido comparte un éxito personal, ¿cómo reacciona?

A) Hago un cumplido, pero no me explayo.

B) Les expreso sinceramente mi alegría por su éxito y les pido detalles.

C) Me siento competitivo o celoso, así que tiendo a minimizar la conversación.

D) Me felicito a mí mismo, pero internamente me siento inseguro de mis logros.

5) ¿Cómo valora su capacidad para escuchar activamente cuando los demás expresan sus problemas o preocupaciones?

A) A menudo acabo dando consejos no solicitados en lugar de escuchar de verdad.

B) Me comprometo a comprender plenamente su situación antes de responder.

C) Me distraigo con facilidad y me cuesta mostrar empatía.

D) Escucho, pero me siento impotente sobre cómo ayudar, así que cambio de tema.

Análisis de los resultados

Si obtienes una mayoría de respuestas A:

Su capacidad para dirigir conversaciones es evidente, pero puede ir acompañada de una tendencia a dominar el diálogo. Este comportamiento, aunque a veces productivo, puede ahogar la voz de los demás y limitar la profundidad de las relaciones. Para que su asertividad sea más eficaz y acogedora, puede ser útil mejorar su capacidad de escucha activa. Escuchar no sólo fortalece las relaciones, sino que también enriquece tu comprensión de los demás, permitiéndote responder con mayor precisión y empatía a sus necesidades y opiniones. Integrar la empatía en tus intercambios no sólo hará que las conversaciones sean más equilibradas, sino que también aumentará el respeto y la confianza mutuos.

Si has obtenido una mayoría de respuestas B:

Al mostrar un equilibrio encomiable entre asertividad y empatía, eres capaz de construir y mantener relaciones sociales que no sólo son duraderas, sino también profundamente constructivas. Su capacidad para equilibrar la expresión de sus necesidades con la consideración por las de los demás es una habilidad valiosa que contribuye significativamente a la calidad de sus interacciones sociales. Para continuar por este camino positivo, considere la posibilidad de explorar nuevas técnicas de comunicación que puedan enriquecer aún más sus interacciones, como técnicas avanzadas de negociación o resolución de conflictos, para fortalecer aún más sus relaciones.

Si has obtenido una mayoría de respuestas C:

Evitar la confrontación puede parecer una solución pacífica a corto plazo, pero a menudo impide la resolución real de los problemas y puede obstaculizar el desarrollo de relaciones auténticas y significativas. Su tendencia a retraerse puede dejar asuntos importantes sin resolver, creando potencialmente una fina pero persistente capa de insatisfacción. Considera la posibilidad de adoptar un enfoque más abierto y directo ante los conflictos, desarrollando técnicas de comunicación que te permitan expresar tus pensamientos y sentimientos de forma constructiva y respetuosa. Aprender a manejar los conflictos de forma asertiva puede mejorar significativamente su eficacia en las relaciones sociales.

Si obtienes una mayoría de respuestas D:

Su carácter complaciente es sin duda una cualidad que hace agradable su compañía. Sin embargo, es fundamental que sus necesidades y deseos también se expresen con claridad y se respeten. Encontrar un equilibrio en el que pueda ser complaciente y firme a la vez le permitirá establecer relaciones más equilibradas y satisfactorias. Trabajar en técnicas que refuercen tu capacidad para hacer valer tus necesidades sin dejar de tener en cuenta las de los demás te ayudará a construir vínculos más auténticos y mutuamente gratificantes.

Reflexión general:

Este test es una herramienta útil para autoevaluarte y descubrir cómo podrías mejorar en el manejo de las relaciones sociales. Reflexiona sobre tus respuestas y piensa cómo podrías aplicar estos conocimientos para comunicarte más eficazmente y mantener vínculos que enriquezcan tu vida profesional y personal.

Preguntas de reflexión para el capítulo 6: La asertividad en las relaciones sociales

El capítulo 6 se centra en las relaciones sociales más amplias, como las que se mantienen con conocidos, compañeros de trabajo y contactos ocasionales, y en cómo la asertividad puede mejorar estas interacciones. El capítulo analiza la importancia de establecer conexiones, mantener el contacto, resolver desacuerdos y generar confianza. Las preguntas de reflexión están diseñadas para ayudarle a reflexionar sobre estas interacciones y a desarrollar habilidades de comunicación que promuevan unas relaciones sociales más ricas y satisfactorias.

Cómo utilizar las preguntas de reflexión

Reflexión personal:

Dedique tiempo a reflexionar sobre estas preguntas con regularidad. Escribir tus respuestas puede ayudarte a organizar tus pensamientos y a controlar tus progresos a lo largo del tiempo.

Diálogo abierto:

Estas preguntas también pueden servir de catalizador para hablar con mentores, entrenadores o compañeros sobre cómo mejorar tus relaciones sociales a través de la asertividad.

Evaluación continuada:

Revise sus respuestas periódicamente, sobre todo después de encuentros sociales significativos, para evaluar hasta qué punto está aplicando bien las destrezas aprendidas e identificar áreas en las que puede seguir mejorando.

Aplicación práctica:

Utiliza estas preguntas como guía para enfrentarte a futuras situaciones sociales. Intenta aplicar las técnicas aprendidas durante eventos sociales o en interacciones cotidianas.

Establecer conexiones:

Reflexiona sobre una ocasión reciente en la que hayas conocido a alguien nuevo. ¿Cómo iniciaste la conversación? ¿Qué funcionó bien y qué podría haberse mejorado?

¿Qué estrategias le parecen más eficaces para establecer una conexión inicial con conocidos? ¿Cómo podría aplicarlas de forma más sistemática?

Mantener contactos:

Piense en sus contactos sociales actuales. ¿Qué métodos utiliza para mantenerlos? ¿Hay personas con las que le gustaría estrechar lazos?

¿Cómo utiliza las redes sociales u otras herramientas digitales para mantener el contacto? ¿Qué mejoras podría hacer para que estas interacciones fueran más significativas?

Resolución de desacuerdos:

Piensa en un desacuerdo reciente que hayas tenido en un contexto social. ¿Cómo gestionaste la situación? ¿Hay algo que podrías haber hecho de otra manera para gestionar mejor el conflicto?

¿Qué técnicas de comunicación asertiva le resultan más útiles a la hora de abordar un desacuerdo en un entorno social?

Crear confianza:

¿De qué manera trabajas activamente para generar confianza con conocidos o en grupos sociales?

Reflexiona sobre una interacción reciente en la que la confianza haya desempeñado un papel clave. ¿Qué comportamientos o acciones crees que contribuyeron a generar o erosionar esa confianza?

Evaluación de las capacidades de comunicación:

Tras completar la prueba de autoevaluación, ¿cuáles son tus puntos fuertes y tus áreas de mejora en tus relaciones sociales?

¿Qué medidas concretas piensa tomar para mejorar los puntos débiles detectados en la prueba?

Utilizando estas preguntas para reflexionar y actuar, puedes mejorar tu capacidad para navegar y enriquecer tus relaciones sociales. Ser consciente de las dinámicas de comunicación y saber gestionarlas con asertividad te permitirá construir una red social más sólida y gratificante.

CAPÍTULO 7: CRECIMIENTO CONTINUO DE LA ASERTIVIDAD

Hábitos para mantener la asertividad

La asertividad no es sólo una habilidad que se utiliza en situaciones aisladas; es un estilo de comunicación que puede mejorarse y reforzarse con la práctica diaria. En este capítulo, veremos cómo desarrollar y mantener hábitos positivos que promuevan una comunicación asertiva constante. Estos hábitos ayudan no sólo a gestionar mejor los conflictos, sino también a construir relaciones más satisfactorias y a mejorar la propia autoestima.

Desarrollar hábitos positivos

La asertividad puede reforzarse mediante la práctica regular. Esto significa aprovechar las oportunidades diarias para expresar tus pensamientos, sentimientos y necesidades de forma clara y respetuosa. Crear una rutina diaria en la que se apliquen conscientemente técnicas de comunicación asertiva puede convertir estos comportamientos en algo natural.

Personalmente, me esfuerzo por practicar la asertividad todos los días, tanto en contextos profesionales como personales. Por ejemplo, cuando discuto planes o proyectos, siempre me aseguro de expresar abiertamente mis opiniones, al tiempo que escucho activamente las de los demás. Este enfoque no sólo ha mejorado mi eficacia comunicativa, sino que también ha aumentado el respeto mutuo entre mis colegas o amigos y yo.

Reflexión y autoevaluación periódicas

Una parte fundamental del desarrollo de cualquier hábito es la reflexión constante sobre tu comportamiento y tus progresos. Dedicar tiempo a evaluar cómo ha afectado tu comunicación a las interacciones cotidianas puede ayudarte a identificar áreas de mejora y a consolidar las habilidades asertivas.

Me ha resultado útil llevar un diario en el que apunto las situaciones en las que he utilizado la asertividad y las reacciones que han seguido. Esto me ha permitido revisar y reflexionar sobre cómo puedo seguir mejorando, adaptando mis estrategias a diferentes situaciones.

Fijar objetivos específicos

Establecer objetivos específicos para la práctica de la asertividad puede guiar tu desarrollo en este ámbito. Estos objetivos deben ser claros, cuantificables y realistas, y proporcionar una vía concreta de mejora.

Uno de los objetivos que me he marcado es afrontar al menos una situación difícil a la semana utilizando técnicas asertivas, como los "mensajes yo" o la negociación de compromisos. Esto me ha ayudado a ser más consciente de mis reacciones y a tener más confianza en mis habilidades comunicativas.

Búsqueda de comentarios

Por último, recibir opiniones de colegas, amigos o mentores puede ser muy útil. Los comentarios no sólo ofrecen una perspectiva externa de su estilo de comunicación, sino que también pueden aportar valiosas sugerencias sobre cómo mejorar. Estar abierto a los comentarios demuestra un compromiso con el crecimiento personal y la superación personal.

Después de reuniones importantes o discusiones personales, suelo pedir opiniones y preguntas concretas sobre cómo he gestionado la comunicación. A menudo esto me ha proporcionado ideas útiles y me ha impulsado a seguir trabajando en mí mismo.

En conclusión, desarrollar y mantener hábitos positivos de asertividad no sólo mejora tus habilidades comunicativas, sino que también enriquece todos los aspectos de tu vida social y profesional. A lo largo de este capítulo exploraremos cómo integrar estos hábitos en la vida diaria para promover un crecimiento continuo y una mayor satisfacción personal.

Seguimiento de los progresos

A medida que desarrollamos y consolidamos hábitos positivos de asertividad, es esencial aplicar herramientas eficaces para supervisar los progresos. Esto no sólo garantiza que realmente estamos mejorando nuestras habilidades de comunicación asertiva, sino que también nos ayuda a mantenernos motivados y a ser conscientes de los cambios en nuestro comportamiento. En esta sección, exploraremos cómo utilizar varios métodos para controlar y evaluar la eficacia de nuestras prácticas asertivas.

Establecer indicadores de resultados

Para supervisar eficazmente los progresos en asertividad, es fundamental establecer indicadores de rendimiento específicos que reflejen los objetivos que se desean alcanzar. Estos indicadores pueden variar de una persona a otra, en función de las áreas de mayor interés o necesidad.

Personalmente, decidí centrarme en indicadores como la frecuencia con la que expreso abiertamente mis necesidades en contextos sociales y profesionales, y mi capacidad para gestionar conflictos sin evitar o dominar la discusión. Registrar estos momentos me ayudó a visualizar claramente mis progresos y a identificar las áreas que requerían más mejoras.

Uso de agendas o aplicaciones de seguimiento

Llevar un diario o utilizar aplicaciones de seguimiento son formas eficaces de registrar las situaciones cotidianas en las que practicas la asertividad. Estas herramientas te permiten anotar detalles concretos sobre cómo has gestionado determinadas situaciones y qué técnicas te han resultado más útiles.

Me resultó especialmente útil anotar cada noche las interacciones en las que aplicaba técnicas asertivas, reflexionando sobre lo que funcionaba y lo que podía mejorar. Este ejercicio diario no sólo refuerza los nuevos hábitos, sino que también proporciona información inmediata sobre mi comportamiento.

Opiniones periódicas de colegas y amigos

Además de la autoevaluación, recibir regularmente comentarios de colegas, amigos o un tutor puede ofrecerle una perspectiva externa de sus progresos. Estos comentarios pueden iluminar aspectos de tu comportamiento que quizá no percibas y ofrecerte sugerencias útiles para seguir mejorando.

He pedido regularmente a mis colegas que me hagan comentarios específicos sobre mis interacciones durante las reuniones. Sus comentarios me han ayudado a entender mejor cómo me perciben y cómo puedo seguir desarrollando mi asertividad de forma constructiva.

Evaluación periódica de los resultados

Por último, es importante realizar evaluaciones periódicas de sus logros. Esto puede incluir una revisión semestral o anual de sus progresos con respecto a los objetivos fijados, lo que le permitirá celebrar los éxitos y recalibrar sus objetivos para el futuro.

Durante mis evaluaciones, me centro no sólo en lo que ha mejorado, sino también en lo que sigue igual o necesita más atención. Estos momentos de reflexión son cruciales para mantener un crecimiento continuo y garantizar que las prácticas de asertividad se conviertan en un aspecto permanente de mi forma de interactuar con los demás.

En conclusión, supervisar los progresos en asertividad no es sólo una práctica de superación personal, sino un componente esencial para garantizar que los hábitos positivos se conviertan en parte integrante de tu repertorio comunicativo. A lo largo de este capítulo exploraremos otras estrategias para apoyar tu crecimiento personal y profesional a través de la asertividad.

Seguir desarrollando las capacidades de comunicación

La mejora continua de las habilidades de comunicación requiere un compromiso constante para reforzar no sólo las habilidades técnicas, sino también el desarrollo de una mentalidad orientada al crecimiento. En esta sección, veremos cómo una mentalidad centrada en el crecimiento puede transformar tus habilidades de asertividad, dando lugar a mejoras sustanciales en tus interacciones cotidianas y profesionales.

Desarrollar una mentalidad de crecimiento continuo

Una mentalidad de crecimiento es la creencia de que las capacidades personales pueden desarrollarse mediante la dedicación y el compromiso. Este enfoque contrasta con una mentalidad fija, en la que las habilidades se consideran rasgos inmutables. Adoptar una mentalidad de crecimiento en comunicación significa reconocer que, independientemente de tu nivel actual de habilidades, siempre puedes mejorar.

Experimenté personalmente el poder de este enfoque cuando empecé a ver cada interacción como una oportunidad de aprendizaje. Esto me permitió superar mi miedo a juzgar y experimentar con nuevas técnicas de comunicación, evaluando sus efectos y adaptando mi enfoque en consecuencia.

Establecer objetivos realistas y mensurables

Para desarrollar una mentalidad de crecimiento, es esencial fijarse objetivos realistas y mensurables que le guíen en el camino hacia la mejora de sus habilidades comunicativas. Estos objetivos deben suponer un reto, pero deben ser alcanzables, para mantener la motivación alta y tangible.

Por ejemplo, uno de los objetivos que me fijé fue aumentar mi capacidad de escucha, midiendo el éxito por el número de veces que podía resumir con precisión los puntos clave de un colega sin interrumpirle. Este objetivo específico y cuantificable hizo evidentes mis progresos y aumentó mi confianza en mi capacidad de escucha.

Buscar opiniones y actuar en consecuencia

Un elemento clave de la mentalidad de crecimiento es la voluntad de buscar opiniones y actuar en consecuencia. El feedback, tanto positivo como constructivo, es un recurso valioso que proporciona información externa sobre tus habilidades comunicativas y sobre cómo mejorarlas.

Como ya he dicho antes, después de una presentación o una reunión importante pido opiniones y las utilizo para perfeccionar mi enfoque. Esta práctica no sólo ha mejorado mi capacidad de comunicación, sino que también ha reforzado mis relaciones con los compañeros, demostrando mi apertura a la mejora continua.

Celebrar los éxitos y aprender de los fracasos

Por último, una mentalidad de crecimiento exige celebrar los éxitos y, lo que es igual de importante, aprender de los fracasos. Cada situación ofrece valiosas lecciones que pueden promover tu desarrollo personal.

Cada vez que una técnica asertiva ha dado resultados positivos, me tomo un momento para reflexionar sobre lo que ha funcionado y por qué. Del mismo modo, cuando las cosas no salen según lo previsto, analizo la experiencia para comprender qué podría hacer de forma diferente en el futuro. Esta mentalidad no sólo mejora mi capacidad de resistencia, sino que también alimenta mi deseo de superación continua.

En conclusión, desarrollar una mentalidad de crecimiento continuo en el contexto de tus habilidades comunicativas puede convertir los retos en oportunidades y los errores en lecciones. En lo que queda de capítulo, seguiremos explorando estrategias para integrar estas prácticas en tu vida diaria, asegurándote de que cada paso adelante contribuye a tu desarrollo personal y profesional.

Apoyo y creación de redes

El camino hacia la mejora continua de las capacidades de comunicación y asertividad no debe emprenderse en solitario. El apoyo de una red de confianza y el trabajo activo en red pueden desempeñar un papel crucial en tu desarrollo. En esta sección veremos cómo la creación de una red de apoyo y la participación en comunidades de trabajo en red pueden enriquecer tus habilidades y ampliar tus oportunidades de crecimiento personal y profesional.

Creación de una red de apoyo

Contar con una red de personas que te apoyen -mentores, colegas, amigos o entrenadores- puede marcar una gran diferencia en tu camino hacia el desarrollo de las habilidades comunicativas. Estas personas pueden ofrecerte consejos, comentarios y ánimos que son esenciales para tu aprendizaje y mejora continuos.

Personalmente, me beneficié enormemente de tener un mentor que guiaba mi desarrollo profesional. A través de sesiones regulares, discutíamos mis interacciones y comunicaciones, analizando lo que funcionaba y lo que no. Esta relación no sólo aceleró mi aprendizaje, sino que también me proporcionó un modelo de comportamiento asertivo que emular.

Participación activa en grupos de trabajo en red

Participar activamente en grupos de networking específicos de su sector o intereses puede ofrecerle oportunidades únicas para practicar y perfeccionar sus habilidades de comunicación. En estos grupos puede conocer a personas que comparten objetivos similares, intercambiar ideas, recibir y ofrecer apoyo, y aprender de los éxitos y errores de los demás.

Unirme a un grupo de profesionales locales son ejemplos de cómo pude poner en práctica mis habilidades comunicativas en un entorno estimulante y de apoyo. Estas experiencias no solo mejoraron mi asertividad, sino que también ampliaron mi red profesional.

Utilizar la retroalimentación para crecer

La creación de redes y el apoyo mutuo tienen un valor incalculable para obtener información sincera y constructiva. Estos comentarios son cruciales para identificar los puntos fuertes y las áreas de mejora. Es importante abordarlos con una mentalidad abierta y verlos como una oportunidad de crecimiento personal.

En varias reuniones de trabajo en red, solía pedir comentarios inmediatos tras las presentaciones o los debates. Esta práctica me permitió introducir cambios rápidos y eficaces en mi estilo de comunicación, haciendo que las interacciones posteriores fueran más asertivas e impactantes.

Establecer y mantener relaciones profesionales

Por último, el trabajo en red no es sólo un intercambio de tarjetas de visita o una reunión ocasional; es construir y mantener relaciones profesionales duraderas. Esto requiere una comunicación constante y genuina y el compromiso de apoyar a los demás como esperamos ser apoyados.

Siempre he intentado mantener un contacto regular con mis contactos profesionales, compartiendo con ellos información útil, felicitándoles por sus éxitos o simplemente comprobando periódicamente su estado. Este enfoque ha fortalecido mi red y me ha convertido en una figura respetada y de confianza dentro de mi comunidad profesional.

En conclusión, integrar el apoyo y la creación de redes en tu desarrollo de habilidades de comunicación no sólo enriquece tu trayectoria de crecimiento, sino que también amplía tus oportunidades tanto personales como profesionales. En futuros segmentos, seguiremos explorando más estrategias para apoyar tu evolución continua como comunicador eficaz y asertivo.

Test: Evaluar el crecimiento continuo de la asertividad

Instrucciones: Completa el siguiente test para evaluar cómo estás progresando en tu camino hacia una mayor asertividad y para identificar las áreas en las que aún podrías mejorar. Tus respuestas te ayudarán a comprender qué aspectos de tus habilidades comunicativas necesitan un mayor desarrollo y consolidación.

Cuestionario de autoevaluación

1) Cuando te encuentras en una situación conflictiva, ¿cómo sueles reaccionar?

A) Evito los conflictos o cedo fácilmente para mantener la paz.

B) Abordo el conflicto directamente, expresando mis pensamientos y sentimientos con claridad y respeto.

C) Me impongo, a menudo a costa de los demás, para que prevalezca mi posición.

D) Puedo negociar una solución que tenga en cuenta tanto mis necesidades como las de los demás.

2) ¿Con qué frecuencia pides feedback sobre tus habilidades comunicativas?

R) Rara vez, porque me siento inseguro o temo las críticas.

B) Regularmente, y utilizo los comentarios para mejorar mi comunicación.

C) De vez en cuando, pero no siempre, aplico las sugerencias recibidas.

D) A menudo ignoro los comentarios porque estoy convencido de mi competencia.

3) ¿Cómo describiría su red de apoyo profesional y personal?

A) No soy muy fuerte; tiendo a manejar las cosas por mí mismo.

B) Sólida y activa; recurro regularmente a mi red en busca de apoyo y asesoramiento.

C) Limitada; tengo algunas conexiones, pero no las aprovecho al máximo.

D) En desarrollo; estoy trabajando para ampliar y profundizar mis relaciones.

4) ¿Con qué frecuencia participa en actividades de creación de redes o grupos de desarrollo profesional?

R) Rara vez me resulta difícil encajar en este tipo de entornos.

B) Con frecuencia, y estas ocasiones me resultan muy útiles para mi crecimiento personal y profesional.

C) A veces, pero no soy constante.

D) Me inscribo en eventos, pero a menudo no participo activamente.

5) ¿Cuál es tu enfoque cuando tienes que establecer o revisar límites en las relaciones?

A) Evito el tema porque me incomoda.

B) Discuto abiertamente los límites y escucho las necesidades de los demás para llegar a un acuerdo justo.

C) Establezco mis propios límites sin tener demasiado en cuenta las opiniones de los demás.

D) Soy flexible y suelo cambiar mis límites para adaptarme a los demás.

Análisis de los resultados

Si obtienes una mayoría de respuestas A:

Este resultado sugiere que puede beneficiarle reforzar su confianza y adoptar un enfoque más asertivo en las interacciones cotidianas. Expresar abiertamente sus pensamientos y sentimientos no sólo le ayudará a sentirse más seguro de sí mismo, sino también a establecer relaciones más significativas con los demás. Considere la posibilidad de buscar oportunidades para desafiarse a sí mismo en entornos de apoyo, como talleres de comunicación o grupos de debate, donde pueda practicar su asertividad en un contexto estructurado. Además, trabajar para construir o ampliar su red de apoyo le proporcionará valiosos recursos y comentarios que pueden acelerar su desarrollo personal.

Si has obtenido una mayoría de respuestas B:

Tus resultados indican que posees un notable equilibrio entre asertividad y capacidad para establecer contactos, dos componentes clave para el éxito en las relaciones interpersonales y profesionales. Para mantener y ampliar estas habilidades, siga buscando regularmente la opinión de colegas y mentores y considere la posibilidad de asumir nuevos retos que le pongan a prueba en diferentes escenarios. El perfeccionamiento de estas habilidades mediante la aplicación práctica y la revisión continua le permitirá adaptarse con eficacia a una amplia gama de situaciones de comunicación.

Si has obtenido una mayoría de respuestas C:

Mostrando una tendencia a ser directo en sus comunicaciones, tiene la capacidad de expresar claramente sus necesidades y opiniones. Sin embargo, puede resultarle beneficioso desarrollar una mayor apertura a las perspectivas de los demás. Reflexionar sobre cómo afecta su estilo de comunicación a sus relaciones le ayudará a comprender mejor el impacto de sus palabras y acciones. Ampliar tus habilidades de escucha activa y empatía no sólo mejorará tus interacciones actuales, sino que te convertirá en un comunicador más versátil y eficaz.

Si obtienes una mayoría de respuestas D:

Ser flexible es una cualidad valiosa que demuestra tu disposición a adaptarte a las necesidades de los demás, pero es importante que esta flexibilidad no se produzca a expensas de tus propias necesidades y límites. Establecer límites claros y comunicarlos eficazmente a los demás es crucial para mantener unas relaciones sanas y respetuosas. Participar activamente en redes de apoyo y grupos de desarrollo profesional puede ofrecerte herramientas y recursos adicionales para desarrollar esta expectativa de reciprocidad en tus relaciones.

Utilización de la prueba:

Este test es una herramienta excelente para guiar tu autorreflexión e identificar las áreas en las que puedes centrar tus esfuerzos para desarrollar aún más tu asertividad. Utilízalo como punto de partida para un examen detallado de tus habilidades comunicativas y como palanca para tu desarrollo personal y profesional continuo.

Preguntas de reflexión para el capítulo 7: Crecimiento continuo de la asertividad

El capítulo 7 explora cómo mantener y profundizar en la práctica de la asertividad mediante el desarrollo de hábitos positivos, el seguimiento de los progresos y el desarrollo continuo de las habilidades comunicativas. Este capítulo es esencial para quienes deseen no sólo mejorar su asertividad, sino también mantenerla y reforzarla a lo largo del tiempo. Las preguntas de reflexión están diseñadas para ayudarte a reflexionar sobre estos procesos y hacer de la asertividad una parte integral y duradera de tu forma de interactuar con los demás.

Cómo utilizar las preguntas de reflexión

Reflexión personal periódica:

Dedicar tiempo regularmente a estas preguntas te ayudará a mantener el foco en tus objetivos de crecimiento personal. Anotar tus respuestas puede facilitar una evaluación más profunda y ayudarte a seguir los cambios y progresos a lo largo del tiempo.

Discusión con mentores o grupos de apoyo:

Utilizar estas preguntas en conversaciones con un mentor o en grupos de apoyo puede aportar más sugerencias y motivación. Compartir tus experiencias y escuchar las de los demás puede inspirar y estimular nuevas mejoras.

Revisión y ajuste:

Revisar tus respuestas periódicamente puede ayudarte a comprender qué estrategias funcionan y cuáles necesitan ajustes. Esto es crucial para garantizar que tu enfoque de la asertividad se ajusta a tu desarrollo personal y profesional.

Desarrollar hábitos positivos:

¿Qué hábitos específicos has desarrollado para apoyar tu práctica de la asertividad? ¿Cómo has integrado estos hábitos en tu rutina diaria?

¿Con qué dificultades se ha encontrado al intentar que estos hábitos formen parte de su vida? ¿Cómo los ha superado?

Seguimiento de los progresos:

¿Qué métodos o herramientas utilizas para seguir tus progresos en asertividad? ¿Cómo evalúas la eficacia de estas herramientas?

¿Ha habido algún momento reciente en el que haya notado una mejora significativa en su comunicación asertiva? ¿Qué factores crees que han contribuido a esta mejora?

Desarrollar una mentalidad de crecimiento continuo:

¿Cómo mantienes una mentalidad orientada al crecimiento en tu práctica de la asertividad? ¿Hay algún libro, curso o recurso en particular que te haya ayudado?

¿Cómo reacciona ante los fracasos o los comentarios críticos? ¿Qué estrategias utilizas para convertir estas experiencias en oportunidades de aprendizaje?

Apoyo y trabajo en red:

¿Qué papel desempeñan el apoyo y la creación de redes en el desarrollo de tu asertividad? ¿Has identificado grupos o personas concretas que te hayan ayudado especialmente?

¿Cómo podrías mejorar o ampliar tu red de apoyo para mejorar tu asertividad?

Evaluación de objetivos:

Después de completar el cuestionario de autoevaluación, ¿cuáles son tus principales objetivos para el futuro en relación con la asertividad? ¿Qué pasos concretos has planeado para alcanzar estos objetivos?

Reflexionando sobre los resultados de la prueba, ¿qué áreas de la asertividad necesitan más atención y cómo piensas abordarlas?

Estas preguntas están diseñadas para ayudarte a reflexionar en profundidad sobre tu trayectoria de crecimiento en asertividad y para ayudarte a seguir desarrollando y perfeccionando esta habilidad crucial. Utilízalas como parte de tu rutina de superación personal para asegurarte de que sigues avanzando hacia una comunicación más eficaz y empática.

CONCLUSIÓN

Enhorabuena por tu viaje a través de las profundidades de la comunicación asertiva en las relaciones personales. Este libro ha sido un viaje detallado no sólo a través de los diversos escenarios y relaciones en los que la asertividad encuentra aplicación, sino también a través de una transformación personal que, espero, te haya proporcionado las herramientas para interactuar con el mundo de una forma más auténtica y eficaz.

Análisis global e impacto:

Esencia de la asertividad: Has explorado la esencia de la asertividad, aprendiendo que va más allá de simplemente ser capaz de decir "no" o expresar una opinión. Es un enfoque equilibrado que respeta tus derechos y los de los demás, promoviendo una comunicación clara, directa y respetuosa. Este libro te ha guiado a través del proceso de identificar tus necesidades, expresar tus pensamientos de forma respetuosa y escuchar activamente las necesidades de los demás.

Escenario por escenario: desde las relaciones íntimas hasta las profesionales, cada capítulo ofrece ideas prácticas sobre cómo aplicar la asertividad en diferentes contextos. Esta versatilidad de la asertividad como herramienta de comunicación es vital, ya que cada entorno presenta retos y oportunidades de crecimiento únicos.

Crecimiento continuo: El concepto de crecimiento continuo fue un tema recurrente. Aprendiste que dominar la asertividad es un camino de desarrollo sin fin, que requiere reflexión continua, apertura a la retroalimentación y adaptabilidad a la dinámica cambiante de las relaciones humanas.

Técnicas y estrategias: Cada una de las técnicas analizadas -desde el uso de "mensajes sobre mí" hasta la negociación de compromisos- está diseñada no sólo para mejorar sus interacciones inmediatas, sino también para sentar las bases de unas relaciones futuras más sanas y mutuamente gratificantes.

Planes de acción y estrategias futuras:

Reflexión diaria: Pon en práctica una práctica de reflexión diaria para evaluar tus interacciones. Puede ser a través de un diario de asertividad, en el que anotes los retos, los éxitos y las lecciones aprendidas cada día. Esta práctica te permitirá ver tus progresos y ajustar tus técnicas de forma proactiva.

Redes y mentores: Amplía tu red de apoyo buscando mentores y grupos que compartan tus valores de comunicación asertiva. Estas relaciones pueden ofrecer apoyo, nuevas perspectivas y oportunidades prácticas en un entorno de apoyo.

Formación continua: Participe en la formación continua. Participe en talleres, seminarios y cursos que puedan ofrecerle nuevas habilidades y conocimientos. El aprendizaje continuo es esencial para estar al día de las mejores prácticas y las innovaciones en el campo de la comunicación.

Feedback estructurado: Desarrolle un sistema para obtener feedback regular y constructivo. Esto puede incluir revisiones periódicas con un coach de comunicación o sesiones de feedback con amigos y colegas. Este feedback te ayudará a mantenerte alineado con tus objetivos de comunicación y a identificar áreas de mejora.

En conclusión, la asertividad es más que una habilidad: es una filosofía de vida que, si la adoptas, puede transformar tu forma de vivir, trabajar e interactuar con los demás. Con cada capítulo de este libro, has construido un poco más de la estructura que sustentará tus futuras interacciones. Cada paso adelante es una pieza añadida al mosaico de tu crecimiento personal.

Te animo a que sigas persiguiendo tu evolución con curiosidad, valentía y, sobre todo, con el compromiso inquebrantable de ser la mejor versión de ti mismo en tus comunicaciones y relaciones. Lee a continuación mis libros actualmente disponibles sobre Comunicación Asertiva

SERIE DE LIBROS SOBRE COMUNICACIÓN ASERTIVA

Explore la serie completa sobre los diferentes aspectos de la Comunicación Asertiva, cada uno dedicado a retos de comunicación específicos en diversos ámbitos de la vida personal y profesional. Cada libro está repleto de estrategias prácticas y consejos de expertos para mejorar tu forma de comunicarte, enriqueciendo así tus relaciones y tu vida profesional.

Comunicación asertiva en las relaciones personales

Aprenda a mejorar sus relaciones más íntimas mediante técnicas de comunicación que respeten tanto sus necesidades como las de los demás. Perfecto para quienes buscan estrechar lazos con la pareja, los amigos y la familia.

Comunicación asertiva con los niños

Aprenda a establecer un diálogo eficaz y constructivo con sus hijos. Este manual es un recurso indispensable para los padres que deseen influir positivamente en el desarrollo emocional y conductual de sus hijos.

Comunicación asertiva en la red

Navegue por el mundo de la comunicación digital con asertividad. Descubra cómo mantener una presencia en línea respetuosa e influyente gestionando eficazmente las interacciones en las redes sociales y fuera de ellas.

Comunicación asertiva para líderes

Este libro es esencial para los líderes que aspiran a inspirar y dirigir a sus equipos con integridad. Descubra cómo motivar y dirigir a las personas con eficacia y respeto.

Comunicación asertiva para vendedores

Eleve sus técnicas de venta con principios de comunicación asertiva que le ayudarán a cerrar más tratos sin ser prepotente.

Comunicación asertiva en público

Mejore sus dotes oratorias y aprenda a exponer sus ideas con claridad y convicción, captando y manteniendo la atención de su público.

Comunicación asertiva y autoestima

Explore el vínculo entre la autoestima y la comunicación eficaz. Descubre cómo reforzar tu confianza interior mediante técnicas asertivas.

Comunicación asertiva para médicos y profesionales sanitarios

Ofrezca mejores cuidados con una comunicación clara y compasiva. Este manual es una guía esencial para médicos, enfermeras y otros profesionales sanitarios.

Comunicación asertiva para profesores y educadores

Transforme su entorno educativo con estrategias de comunicación que fomenten un aprendizaje más eficaz y unas relaciones más positivas.

Comunicación asertiva y atención plena

Combine la conciencia plena con prácticas de comunicación asertiva para lograr un enfoque más centrado y pacífico en sus interacciones cotidianas.

Cada libro de esta serie representa un paso esencial para cualquiera que desee dominar el arte de la comunicación en diversos contextos de la vida. La capacidad de comunicarse asertivamente es más que una habilidad; es una inversión en su bienestar personal y profesional.

No pierdas la oportunidad de transformar tu forma de interactuar con el mundo: compra los manuales hoy mismo y empieza a construir relaciones más sólidas y satisfactorias.

AGRADECIMIENTOS

La conclusión de este libro me brinda la oportunidad de expresar mi profunda gratitud a todas las personas que han desempeñado un papel en mi trayectoria personal y profesional. Cada palabra de estas páginas es el resultado no sólo de mis propias experiencias, sino también del apoyo y la inspiración que he recibido de muchos.

En primer lugar, me gustaría dar las gracias a las más de 135.000 personas que han participado en mis cursos, han comprado mis videocursos o libros, y a quienes me han elegido como su consultor o formador empresarial. Cada interacción con vosotros ha sido una fuente de inspiración y una oportunidad para seguir perfeccionando mis habilidades y conocimientos.

Un agradecimiento especial a mi familia: mi mujer y mis hijos, que han demostrado una paciencia y un apoyo inquebrantables. Gracias por comprender y apoyar el tiempo que he dedicado a estudiar y trabajar, incluso cuando esto significaba menos tiempo para pasar juntos. Vuestra fuerza y amor han hecho posibles muchos de mis éxitos.

No puedo olvidar expresar mi gratitud hacia mi pasión por el crecimiento personal y mi insaciable curiosidad. Estas cualidades me han impulsado desde muy joven a explorar nuevos conocimientos y a tratar de comprender el mundo y las personas que me rodean.

Mi más sincero agradecimiento también a quienes me han criticado, juzgado u opuesto resistencia. Cada crítica fue una oportunidad para aprender, crecer y desarrollar una resiliencia que se ha convertido en fundamental en mi trayectoria profesional y personal. Gracias por enseñarme la importancia de la autocrítica y por contribuir, aunque sea indirectamente, a mi desarrollo.

Mis padres merecen una mención especial por su apoyo incondicional. Incluso cuando era adolescente, me animaron y apoyaron en mi deseo de aprender y crecer, aunque ello supusiera importantes sacrificios económicos. Sin su aliento, no sería la persona que soy hoy.

Por último, pero no por ello menos importante, gracias, lector, por dedicar tu tiempo a este manual. Espero que las páginas que has leído te inspiren y te ayuden en tu camino de crecimiento en la comunicación asertiva. Espero recibir tus comentarios; cualquier idea o sugerencia que tengas será inestimable para seguir mejorando mi trabajo. No dudes en dejar un comentario o escribirme directamente a

Mi deseo es que cada lector encuentre en este libro la misma pasión e inspiración que me guiaron a mí al escribirlo. Sigan buscando, aprendiendo y creciendo. Gracias por emprender este viaje conmigo.

NOTAS SOBRE EL AUTOR

Alejandro Ferrari es un empresario, formador magistral y autor con más de cuarenta años de experiencia en el mundo empresarial, durante los cuales ha adquirido una amplia experiencia y formación con algunos de los principales coaches del mundo.

Su carrera comenzó en el ámbito científico y técnico, pero pronto se decantó por el mundo de las ventas y la comunicación, empezando como vendedor de seguros de vida puerta a puerta a la tierna edad de 17 años para apoyar sus estudios. Su habilidad y dedicación le llevaron rápidamente a que le ofrecieran puestos de responsabilidad, como el de Jefe de Sector, oferta que decidió rechazar para buscar nuevas oportunidades como vendedor de una de las mayores multinacionales alimentarias del mundo.

Tras tres años de éxito como agente, Alejandro fue ascendido a District Manager, un puesto que le permitió experimentar con el método de rotación de puestos, profundizando sus conocimientos en todas las divisiones de la empresa. Esta experiencia le proporcionó un profundo conocimiento de la dinámica empresarial que pudo trasladar a sus posteriores funciones directivas en diversas empresas italianas líderes.

En 2007, Alejandro fundó su primera empresa de consultoría y formación y rápidamente se convirtió en un referente del sector en Italia. Ha formado a más de 135.000 personas tanto en el aula como directamente en empresas, compartiendo su experiencia práctica y no solo teórica acumulada sobre el terreno.

En 2015 lanzó 'ASOCIACIÓN DE VENTAS', un portal y curso de formación profesional dedicado a las técnicas de marketing y ventas, fruto de más de 30 años de experiencia práctica. Además, su roadshow de Comunicación Asertiva hasta la fecha ya ha contado con la asistencia de más de 25.000 personas, que ahora continúa con una nueva edición en línea.

Hoy en día, Alejandro está considerado uno de los mayores expertos italianos en Comunicación Profesional, Comunicación No Verbal y Estrategias de Ventas. Es pionero del Inbound Marketing y autor de numerosos libros electrónicos y cursos en vídeo que han cosechado un gran éxito en Italia y en el extranjero.

Alejandro comparte su experiencia no sólo a través de sus cursos y libros, sino también como consultor y formador para quienes buscan crecer profesional y personalmente. Su misión es ayudar a particulares y empresas a comunicarse y vender con éxito, y también ofrece consultas gratuitas para quienes deseen explorar cómo sus conocimientos pueden ayudarles en su trayectoria profesional.

Para saber más sobre cómo Alejandro Ferrari puede ayudarte a alcanzar tus objetivos profesionales y personales, ponte en contacto con él hoy mismo por correo electrónico o siguiéndole en sus canales sociales oficiales.

a.ferrari@afcformazione.it

Empresario | Autor | Formador